용기 특수가 교아들을 둔

앙리 루소가 쏘아올린 공

1판 1쇄 인쇄 2025년 6월 20일
1판 1쇄 발행 2025년 6월 30일

지은이 김지명
펴낸곳 도서출판 비엠케이

편집 상현숙
디자인 아르떼203
제작 올북컴퍼니

출판등록 2006년 5월 29일(제313-2006-000117호)
주소 121-841 서울시 마포구 성미산로10길 12 화이트빌 101
전화 (02) 323-4894 팩스 (070) 4157-4893
이메일 arteahn@naver.com

ⓒ 2025 김지명
저작권자의 사전동의 없이 이 책의 전재나 복제를 금합니다.

인세 수익은 예술나눔 공익재단 **아이프칠드런**에 기부합니다.

값은 뒤표지에 있습니다.
ISBN 979 - 11 - 89703 - 88 - 2 03190

앙리 루소가
쏘아올린 공

김지명 지음

무언가를 하기에 너무 늦은 나이란 없다!

Bmk

추천의 글

지금, 나만의 앙리 루소를 만날 시간입니다

김윤섭(예술나눔 공익재단 아이프칠드런 이사장, 미술사 박사)

누구나 한 번쯤, 마음속으로 그림을 그립니다. 지금과는 다른 모습의 나, 혹은 다시 시작하는 어떤 삶. 하지만 많은 이들이 그 상상에 선뜻 다가서지 못한 채 주저하곤 합니다. 그럴 때,《앙리 루소가 쏘아올린 공》은 조용히 우리의 어깨를 다독이며 말합니다. "지금, 당신만의 앙리 루소를 만나야 할 시간입니다."

이 책은 단순히 한 화가의 전기를 넘어, 예술이 어떻게 삶을 다시 움직이게 하는지에 대한 감동적인 증언입니다. 저자 김지명은 어느 날 미술관에서 우연히 마주한 루소의 작품 앞에서 발길을 멈추고, 잊고 지냈던 자아의 목소리에 귀를 기울였습니다. 그 순간 루소는 그림을 넘어, 중년의 삶에 작지만 '선명한 신호

탄 하나'를 쏘아올렸습니다.

정식 그림 교육을 받은 것도 아니고, 화려한 경력도 없던 화가 앙리 루소. 그러나 그는 조롱과 외면 속에서도 오직 자신을 믿고 자신의 그림을 그렸습니다. 그의 예술은 기존의 미술 문법을 따르지 않았지만 시간이 흐른 뒤 오히려 가장 순수하고 독창적인 감성으로 재조명됩니다. 이 책은 그런 루소의 삶을, 무모한 도전이 아닌 위대한 신념의 여정으로 바라봅니다.

《앙리 루소가 쏘아올린 공》은 예술의 힘이 곧 '생의 회복력'이라는 점을 감동적으로 환기합니다. 예술은 정답을 가르치지 않지만 방향을 바꾸는 용기를 줍니다. 앙리 루소의 생애를 통해 그러한 예술의 본질을 되묻고 있다는 점이 바로 우리 모두 이 책에 주목해야 할 이유입니다.

책을 덮으며, '예술이란 무엇인가'라는 본래의 질문을 다시 마주하게 됩니다. 또한 중년에 접어든 이들이라면 누구나 한 번쯤 꺼내 들었을 질문, '지금 다시 시작해도 괜찮을까?'를 다시 묻게 됩니다.

이 책은 루소의 삶을 통해 그 질문에 조용히 그러나 단호하게 답합니다.

"예, 지금도 늦지 않았습니다."

많은 분들이 자신만의 앙리 루소와, 이토록 아름답고 용기 있는 문장을 만나기 바랍니다.

프롤로그

다시 시작할 용기

마흔아홉, 한 남자가 위대한 화가를 꿈꾸며 자신의 모든 것을 걸었다.

고등학교도 졸업하지 못했고, 정식 미술 교육도 받은 적 없는, 이름 없는 말단 세관원. 그의 그림은 조롱과 비웃음의 대상이었고 예술계는 그의 작품에 대한 평가조차 꺼렸다. 그러나 그는 자신이 위대한 화가라고 믿었다. 아무도 인정하지 않았지만, 끝내 흔들리지 않았다. 그리고 마침내, 그 믿음대로 살아 냈다.

그의 이름은 앙리 루소.

그가 남긴 예술은 후대에 많은 영감을 주었고 여전히 깊은 울림을 전한다.

인생의 반환점이라고 생각한 무렵, 나는 지치고 무력했다. 과거를 돌아보는 것도, 미래를 생각하는 것도 막막하고 두려웠다.

하지만 이대로 멈추고 싶지는 않았다. 그때 만난 루소의 그림은 온통 잿빛이던 내 마음에 조용히 말을 걸어왔다.

그의 그림 앞에서 나는 묻고 있었다.

"모두가 비웃던 현실 속에서도 어떻게 자신을 믿을 수 있었을까?"

"그 단단한 의지는 어디서 비롯됐을까?"

앙리 루소를 알아가는 시간은 내 안에 아직 꺼내야 할 이야기들이 많다는 사실을 일깨워 주었다.

루소는 평생 가난과 생계의 불안 속에 살았다. 정식 미술 교육도 받지 못했지만 마흔아홉의 나이에 전업 화가를 선언했다. 당시로서는 이미 노년의 문턱이었다. 그러나 그는 두려움보다 꿈을 선택했다. 모두의 외면 속에서도 묵묵히 자신의 길을 걸었다.

그의 그림은 어떤 유파에도 속하지 않았고, 기존의 미술 문법에도 얽매이지 않았다. 그는 자신이 그리고 싶은 것을 그렸고, 모방하지 않았고, 흔들리지 않았다. 그렇게 자신만의 독창적인 세계를 만들어냈다.

그의 인생 또한 하나의 예술이었다. 루소는 삶을 통해 내게 보여 주었다. 두 번째 인생이 얼마나 새롭고 아름다울 수 있는지를. 끝없는 도전, 흔들림 없는 용기는 인생의 반환점에 선 나를 다시 일으켜 세웠다.

카를 융(Carl Jung)은 중년을 '제2의 사춘기'라 했다. 첫 번째 사춘기가 성장의 고통이었다면 두 번째 사춘기는 삶의 깊이를 더하고 내면의 목소리에 귀 기울이는 시기다.

우리는 전반전을 살아 내느라 지쳤지만 멈추기엔 아직 이르다. '백세시대', '초고령 사회'가 익숙해진 지금, 제2의 인생에서 새로운 성취를 이루는 사람들이 많아지고 있다. 우리는 살아가며 여러 번 기회를 만난다. 하지만 그 기회를 붙잡는 일은 결국, 용기와 결단의 몫이다.

루소의 삶과 예술은 내게 말했다. 과거에 얽매이지 말고, 내 안의 목소리에 귀 기울이며 다시 시작하라고.

루소처럼, 우리도 인생의 캔버스에 다시 한번 그림을 그릴 수 있다.

삶은 아직 끝나지 않았고, 어쩌면 이제부터가 진짜다.

지금, 주저하고 있는 당신도 당신만의 앙리 루소를 만나길 바란다.

차 례

추천의 글
지금, 나만의 앙리 루소를 만날 시간입니다   5

프롤로그
다시 시작할 용기   8

1장 **나에게 앙리 루소가 왔다**

1. 가난한 시작, 첫 발걸음   22

2. 세관원에서 화가로   28

3. 세상에 없던 그림을 그리는 사람   36

4. 동시대 예술가들의 인정을 받다   41

5. 꿈과 현실의 경계를 넘나들다   49

6. 예술의 선구자로 재평가되다   54

2장 불안은 새로운 기회다

1. 이유 없이 공허하다	66
2. 괜히 불안하다	76
3. 죽음의 순간을 기다리지 말라	83
4. 내면의 요새로 나를 지켜라	90
5. 차라리 외로움을 택하라	96
6. 반환점은 없다, 새로운 전성기일 뿐	103
7. A 세대가 온다	113

3장 다시 꿈을 꾸자

1. 구석에 묻어 둔 나의 꿈   124

2. 새로운 도전을 위해 탐색하라   133

3. 배움은 보이지 않던 것을 보게 한다   138

4. 삶은 예술로 빛난다   144

5. 사랑과 꿈은 나이를 묻지 않는다   164

4장 앙리 루소에게 배우는 일곱 단어

1. **용기** - 두려움에 지지 말라   176

2. **도전** - 새로운 길을 여는 첫걸음   181

3. **창조** - 일상을 예술로   186

4. **긍정** - 고난을 즐기는 에너지   192

5. **신념** - 자신의 길을 지키는 힘   197

6. **자기애** - 나를 사랑하고 존중할 것   202

7. **예술적 순수성** - 현실을 지켜 주는 또 하나의 방식   207

에필로그
우리는 생각보다 훨씬 더 오래 살아야 한다   213

참고문헌   216

1장

나에게
앙리 루소가
왔다

나의 30대와 40대는 어떻게 흘러갔는지 기억도 나지 않는다. 가족을 돌보는 것이 무엇보다 중요했고 그때그때 앞에 닥친 삶의 과제를 해결하느라 정신없이 살았던 시간이다.

그런데 마흔 중반을 넘기면서 불안과 허무함에 휩싸였다. 숨가쁘게 달려온 시간을 돌아보니 그 속에는 내 이름도 내 이야기도 없었다. 마치 남의 이야기를 대신 살아온 것 같았다. 내 삶은 초라하고 텅 비어 있었고 나는 한 치 앞도 보이지 않는 어둠 속에 서 있는 기분이었다. 이제 와서 무언가를 새로 시작하기에는 이미 늦어 버린 듯했다. 목적도 꿈도 열정도 모두 사라져 있었다.

'나는 무엇을 위해 살아왔는가?'
'이렇게 살아도 괜찮은가?'
'이대로 삶을 끝내야 하는가?'

이런 질문들은 나를 끊임없이 괴롭혔고 스스로에 대한 실망감과 무력감으로 가슴이 짓눌렸다. 과거를 돌아보는 것은 고통스러웠고 미래를 생각하는 것은 막연하고 두려웠다. 뭔가 바꿔야 한다는 생각은 했지만 어떻게 해야 할지 몰랐다.

그러다 잠시 뉴욕에 머물 기회가 있었다. 뉴욕은 미술관과 박

1장 _ 나에게 앙리 루소가 왔다   19

물관 천국이었다. 뉴욕 현대미술관, 메트로폴리탄 미술관, 구겐
하임 미술관, 유대인 박물관 등 다양한 곳을 방문했다.

　뉴욕 현대미술관을 방문했을 때 앙리 루소의 그림 〈잠자는 집
시〉를 만났다. 당시 나는 앙리 루소에 대한 지식이 전혀 없었다.
그런데 그림을 보는 순간, 한순간에 그림에 사로잡히고 말았다.
아무런 설명 없이도 그저 그림 자체가 깊은 울림을 주었다. 온통
잿빛이었던 내 마음에, 그의 선명하고 생동감 넘치는 색채는 말
을 걸듯 다가왔다. 그림 앞에서 한동안 발길을 떼지 못했다.

앙리 루소, 〈잠자는 집시〉

정규 미술 교육을 받은 적도 없고 화려한 경력도 없던 화가는 어떤 꿈과 신념을 품었기에 이런 신비로운 세계를 탄생시킬 수 있었을까? 그의 삶과 예술 속에 깃든 이야기가 내 안의 무언가를 흔들고 있었다. 그의 그림이 나에게 속삭이고 있다는 것을 느꼈다.

너의 이야기는 이제부터 다시 시작될 수 있다고. 아직 늦지 않았다고……

나는 내 안에 숨겨진 이야기가 여전히 살아 있음을 느끼기 시작했다. 희미하고 작았지만 분명히 나의 것이었다. 화가 앙리 루소에 대해 더 알고 싶어졌다. 그의 삶에 대해 조사하고 관련 자료를 찾아보는 시간이 길어지자 루소의 그림을 만난 것이 마치 운명의 끌림처럼 느껴졌다.

그 여행을 계기로 나는 미술 이론 공부를 결심했고 결국 대학원에 진학했다. 예상치 않게 이 선택은 박사학위 과정까지 이어지게 되었다.

이제 내가 앙리 루소에 대해 알게 된 것, 루소의 그림과 삶을 통해 배운 것, 특히 마흔 중반에 갑자기 닥쳐온 불안과 허무를 어떻게 지나 왔는지에 대해 나누어 보려고 한다.

1. 가난한 시작, 첫 발걸음

앙리 루소는 1844년 5월 21일 프랑스 라발(Laval)에서 태어났다. 라발은 파리에서 남서쪽으로 약 300km 정도 떨어진 작은 농업도시다. 루소의 아버지는 배관공으로 일했고 가정 형편은 어려웠다. 루소는 자신의 어린 시절 이야기를 잘 하지 않아서 알려진 바가 많지는 않다. 어릴 때부터 아버지의 일을 도와야 했던 루소는 고등학교를 졸업하지 못하고 17세에 법원의 세금 징수 부서에 취직했다. 급여는 매우 낮았다.

그러다가 직장에서 작은 유용 사건을 일으켜 20세에 군대에 자원입대했다. 군에서는 약 4년간 복무했다. 루소의 나이 24세였던 1868년에 아버지가 돌아가셨다. 그는 가족을 부양하기 위해 제대한 후 가족을 데리고 파리로 이주했다. 그의 인생은 끊임

없이 생계 문제와 싸워야 하는 상황이었다

루소는 25세에 10년 아래인 클레망스(Clémence Boitard)와 결혼했다. 부양가족이 늘어나자 그는 파리 세관원으로 일했다. 세관원 일은 파리로 들어오는 물품에 세금을 징수하는 단순한 일이었다. 급여가 많지는 않았다.

클레망스와의 사이에서 일곱 명의 아이를 낳았으나 그중 다섯 명이 어린 나이에 세상을 떠났다. 클레망스마저 37세의 젊은 나이로 먼저 생을 마감했다. 그가 겪어야 했던 이러한 상실과 고통은 그의 내면에 깊은 흔적을 남겼을 것이다.

클레망스가 세상을 떠난 지 10년이 지나고 루소는 55세의 미망인 조세핀(Josephine Noury)과 재혼했다. 그는 이 결혼을 기념하여 〈어제와 오늘〉을 그렸다. 그림 속에는 나이보다 젊게 묘사된 루소와 조세핀이 서 있고 하늘에는 이미 고인이 된 클레망스와 또 다른 루소의 얼굴이 떠 있다.

루소의 〈어제와 오늘〉을 보고 있으면 그의 의도와 새 신부 조세핀의 마음이 궁금해진다. 자신의 결혼 축하 그림에 전 부인을 함께 그린 것은 어떤 마음에서였을까? 조세핀은 이 그림을 순순히 받아들였을까?

어쩌면 루소는 잃어버린 가족과 사랑을 결코 잊을 수 없었기

앙리 루소, 〈어제와 오늘〉, 1890년경.

24   앙리 루소가 쏘아올린 공

에 모두를 한 화면에 담고자 했던 것일지도 모른다. 이런 마음으로 그림을 보노라면 그가 그린 것은 과거에 대한 집착이 아니라 자신의 삶을 지나간 소중한 인연들에 대한 헌사처럼 느껴진다. 이는 과거와 현재를 한데 엮어 자신의 삶을 진솔하게 기록하려는 화가로서의 용기이자 사랑의 깊은 표현이 아니었을까?

루소는 자신의 팔레트에 클레망스와 조세핀의 이름을 나란히 새겨 두었다고 한다. 이 작은 행동에서 그가 자신의 감정을 진솔하게 드러내는 감성적이고 솔직한 사람이었음을 엿볼 수 있다. 팔레트에 새겨진 이름은 단순한 기념이 아니라 그의 삶에서 중

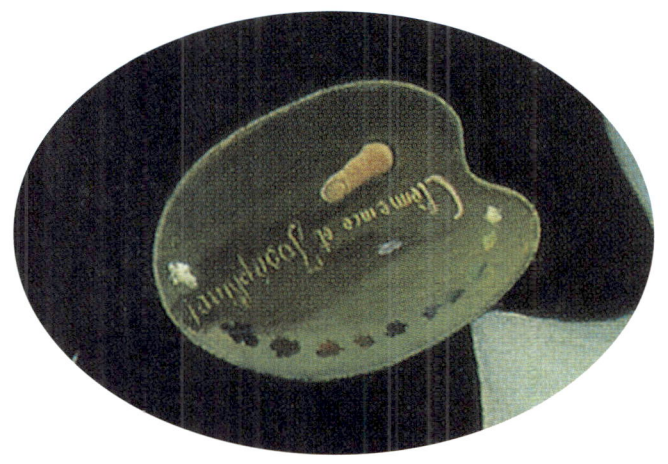

팔레트에 나란히 쓰인 클레망스와 조세핀의 이름

요한 의미를 지닌 사람들에 대한 애정과 기억을 상징한다. 그는 사랑했던 이들을 자신의 예술과 삶 속에 계속 간직하고자 했던 듯하다.

재혼한 조세핀과의 결혼생활 또한 길지 않았다. 조세핀은 결혼 4년 만에 세상을 떠났다. 루소는 다시 혼자가 되었다. 이처럼 반복된 상실과 경제적 고난 속에서도 그는 꿋꿋이 삶을 살아갔다. 삶의 고통과 상실은 예술로 승화되었고 그는 새로운 꿈을 찾아 계속 전진했다.

루소가 처음 그림을 그리기 시작한 것은 1880년경, 그의 나이 40세 무렵이었다. 그는 정식 미술 교육을 받은 적이 없었다. 그러나 미술에 대한 열정과 자신감은 대단했다. 그는 교육이나 스승의 도움 없이 독학으로 그림을 완성했다. 그리고 스스로의 노력으로 예술 세계를 탐구했다.

이런 그의 자신감은 학창 시절 미술상을 받았던 경험과 무관하지 않다. 그는 성적이 우수한 학생은 아니었지만 미술과 음악 과목의 성적은 좋았다. 악기 연주에 재능이 있었던 루소는 군대에서 트럼펫을 연주했다. 바이올린 연주와 작곡도 꾸준히 했다. 직장을 그만두고 화가 생활을 하면서는 생활비를 벌기 위해 아이들을 대상으로 음악 교습을 하기도 했다.

세관원으로 일하면서 그림을 그리던 루소는 1884년에 루브르 미술관에서 그림을 모사할 수 있는 '모사증'을 얻게 되었다. 그는 루브르 미술관의 출입증을 몹시 자랑스럽게 여겼고 대가들의 작품을 모사하면서 그림에 진지하게 몰두했다.

바로 이듬해부터는 작업실을 마련하고 공식적으로 작품을 발표하기 시작했다.

2. 세관원에서 화가로

1885년 루소는 처음으로 앙데팡당전(Salon des Indépendants)에 출품하여 그림을 전시하게 되었다. 앙데팡당전은 1884년에 프랑스 관학파의 엄격한 규율에 대항하기 위하여 시작된 미술 전람회였다.

'독립적', '자주적'이라는 의미의 앙데팡당(Indépendants)은 엄격한 심사와 틀에 박힌 주제만을 다루는 관학파에 반대했기에 전시 참여 규칙이 자유롭고 파격적이었다. 특별한 심사도 시상식도 없었고 참가비만 내면 누구나 작품을 전시할 수 있었다.

이는 루소와 같이 정식 교육을 받지 못한 예술가들에게 기회의 장이 되었다. 빈센트 반 고흐(Vincent van Gogh), 아메데오 모딜리아니(Amedeo Modigliani), 앙리 마티스(Henri Matisse), 마르크 샤갈(Marc Chagall), 피에르 보나르(Pierre Bonnard) 등 당대의 주요 화가들도 이 전시회를 통해 독창적인 작품을 발표하고 이름을 알렸다.

루소는 1885년 살롱 드 샹젤리제(Salon des Champs-Élysées)에 2점의 작품을 출품했고 가을 전시회를 의미하는 살롱 도톤(Salon d'Automne)에도 출품했다. 이후 거의 해마다 출품해 화가로서 이력을 쌓아 나갔다. 루소는 열정적으로 작품을 발표하며 화가로서의 길을 걸어갔다. 그러나 그의 그림에 대해 진지하게 관심을 보이는 이는 많지 않았다.

미술 기법을 제대로 배우지 못한 그의 그림은 색채 사용과 원근법 표현이 서툴러 보였고 당대 비평가들로부터 조롱의 대상이 되기 일쑤였다. 당시 신문 기사 중에는 그의 그림을 서투른 작품이라고 평하며 관객들이 그의 작품을 보고 웃었다는 내용도 있었다. 한 비평가는 "고향 라발에서 양배추 농사를 짓는 것이 나았을 것"이라며, 그의 그림에 대해 '붓 대신 손을, 손가락 대신 혀를 사용한 6살짜리 그림 같다."는 혹독한 평가를 실었다.

몇 년째 지속하여 전시에 출품한 루소의 그림은 다른 의미에서 유명해졌다. 전시를 찾은 관람객들은 루소의 그림이 어디 있는지 물었다. 루소의 그림을 조롱하고 웃기 위해 일부러 찾아왔

▲ 앙리 루소, 〈자유가 예술가들을 제22회 독립예술가협회 전시에 초
대하다〉의 부분, 1905~1906. 전시회에 참여하기 위해 그림을 들고
가는 화가들을 그린 이 그림은 루소가 얼마나 전시회 참여를 진지
하게 생각했는지 보여 준다. 단순히 전시회의 장면을 묘사한 그림
이라기보다, 그가 예술 세계에서의 자신의 위치와 전시회의 중요
성을 어떻게 인식했는지 엿볼 수 있는 작품이다. 그림 중앙에 파리
를 상징하는 사자가 앉아 있는 카펫에는 당대 유명 화가인 폴 시냐
크(Paul Signac), 조르주 쇠라(Georges Seurat), 프란시스코 피사로
곤살레스(Francisco Pizarro González) 같은 이름이 보이고, 물론 앙
리 루소의 이름도 함께 쓰여 있다. 더욱이 전시 주최자인 폴 시냐크
와 루소 자신은 귀빈처럼 악수를 나누고 있다. 루소가 자신과 동시
대 예술가들과의 연관성을 강조하며 예술계에 발돋움하려 했던 노
력의 흔적을 보여 주고 있다.

앙리 루소, 〈자유가 예술가들을 제22회 독립예술가협회 전시에 초대하다〉, 1905~1906.

던 것이다. 전시 주최 측은 루소의 그림이 전시회 품격을 떨어뜨린다고 판단하여 구석 자리에 걸어 두었고, 루소에게 더 이상 출품하지 못하도록 해야 할지 의논했다. 하지만 당대의 유명 화가 앙리 드 툴루즈 로트레크(Henri de Toulouse-Lautrec) 등은 루소의 그림을 옹호했고, 주최 측의 논의를 막아 계속 출품할 수 있었다. 루소는 이런 상황에 실망을 내비치지 않았다. 오히려 그를 조롱한 신문 기사를 모두 스크랩하여 노트에 붙였다. 어쨌든 신문에 실린 것만으로도 영광이라며 진심으로 기뻐했다고 한다.

루소와 그의 그림을 놀린 것은 비평가와 관람객만은 아니었다. 미술계 사람들은 그를 화가라고 부르지 않고 '두아니에(Le Douanie, 세관원)'라 부르며 무시했다.

순진하고 진지한 루소는 장난치기를 좋아했던 화가 폴 고갱(Paul Gauguin)에게 가장 좋은 먹잇감이었다. 고갱은 당시 유명 화가 피에르 퓌비스 드 샤반느(Pierre Puvis de Chavannes)로 분장하고 루소에게 헌사를 건넸다. 루소는 유명 화가가 자신에게 보낸 헌사를 받고 매우 감격했다. 그는 자신이 당시 주류 예술계의 인상파와 견줄 만한 작품을 그리고 있다고 믿었다. 그렇기 때문에 이 일을 유명 화가에게 인정받은 대단한 사건으로 여겼다.

고갱은 또 가짜 대통령 초청장을 만들어 루소에게 건넸는데,

루소는 자신이 대통령의 그림을 자주 그렸기 때문에 초청되었다고 굳게 믿었다. 고갱을 비롯한 다른 예술가들의 끊임없는 장난과 루소의 순진한 반응을 보면, 천진난만한 성격이 루소 예술의 한 부분처럼 느껴진다. 루소가 정말 이런 장난을 전혀 눈치채지 못했는지 아니면 놀리는 이들보다 한 수 위였는지 알 수는 없다. 루소는 자신이 예술계 사람들에게 비전문가로 취급된다는 사실을 모르고 있는 것처럼 굴었다. 그는 자신의 작품을 매우 높게 평가했고, 위대한 리얼리스트 화가라고 생각했다.

루소의 이런 태도는 무지가 아니라 흔들리지 않는 믿음과 열정의 표본이다. 타인의 비웃음을 전혀 개의치 않고 그냥 자신의 길을 걸어간 그의 모습은 우리에게 깊은 영감을 준다. 자신에 대한 확신과 열정이 없다면 결코 세상을 움직일 수 없다. 루소가 지녔던 그 순수하면서도 단단한 믿음은 그의 작품에 생생히 살아 있으며 지금도 우리에게 강렬한 메시지를 던지고 있다.

▶ 앙리 루소, 〈평화의 서명에 참여한 각국 대표들〉, 1907. 루소의 많은 작품이 그의 독특한 스타일과 상상력을 통해 일상적인 주제나 장면들을 변형시켜 표현하지만, 이 작품의 구체적인 정보는 매우 제한적이다. 각국 대표들 뒤 동상을 빙 둘러 돌고 있는 민속의상을 입은 사람들을 보면 어린이의 눈을 통해 본 듯하다. 루소는 주로 자신의 상상력을 바탕으로 신(scene)을 구성했기 때문에 이 그림에서도 역사적 정확성보다는 상징적이거나 개념적인 메시지 전달에 초점을 맞췄을 것이다. 대통령과 왕, 황제들이 나란히 서 있는 모습을 그렸지만, 모든 인물의 얼굴은 루소 자신의 얼굴로 묘사되어 있다. 지붕에 게양된 국기도 실제와 전혀 달랐기에 관람객들은 이를 지적하며 배를 움켜쥐고 웃었다.

1장 – 나에게 앙리 르소가 왔다   35

3. 세상에 없던 그림을 그리는 사람

루소는 49세가 되자 22년간 몸담았던 세관원을 그만두었다. 그리고 마침내 전업 화가의 길로 나섰다. 당시 평균 수명을 고려하면 50세는 인생을 정리하고 노년을 준비해야 할 시기였다. 하지만 그는 오히려 과감히 새로운 인생의 막을 열었다. 그의 결단은 나이에 얽매이지 않고 진정한 꿈을 따를 수 있음을 강렬하게 보여 준다.

초기에는 많은 조롱과 비웃음을 받았지만 그는 이를 개의치 않았다. 오히려 특유의 온화한 성품과 열정으로 시인, 문필가, 평론가 등 예술계 인사들과 점차 깊은 교류를 이어 갔다. 특히 작가로 명성 높은 시인 알프레드 자리(Alfred Jarry), 시인 기욤 아폴리네르(Guillaume Apollinaire), 화가 마리 로랑생(Marie Lau-

rencin), 상징파의 이론가 레미 드 구르몽(Remy de Gourmont)과
는 각별한 친분을 맺었다. 그는 순수하고 열정적인 성격으로 단
순한 외골수 화가가 아닌, 사람들과 교류하고 영감을 주고받는
예술가가 되었다.

이러한 관계 덕분에 그는 상징파 문학잡지에 삽화를 그릴 기
회를 얻었고 이를 통해 걸작 〈전쟁의 여신〉이 탄생했다. 루소의
두 번째 인생은 도전과 고난의 연속만은 아니었다. 그것은 예술
과 인간관계를 통해 스스로를 천천히 확장해 나간 여정이었다.

〈전쟁의 여신〉 중심에는 칼과 횃불을 든 흰옷의 인물이 있다.
이 인물은 로마의 전쟁의 여신인 벨로나(Bellona)로 알려져 있
다. 그녀는 괴물 같은 말을 타고 시체와 까마귀들이 쌓인 들판
위로 질주한다. 날카로운 형태와 강렬한 색채 선택은 불안정한
감정을 불러일으킨다.

1894년 '살롱 데 앙데팡당'에서 이 그림이 처음 전시되었을
때는 무거운 색채와 어색한 표현으로 인해 부정적인 반응이 쏟
아졌다. 그러나 일부는 루소의 독립적이고 독창적인 스타일을
높이 평가하며 그를 찬양하기도 했다.

화가였던 루이 로이(Louis Roy)는 문학잡지 《머큐어 드 프랑
스(Mercure de France)》에 이렇게 썼다.

▲ 〈전쟁의 여신〉, 1984. 루소의 독창적인 스타일과 강렬한 상징성이 돋보이는 작품 중 하나다. 이 그림에서 루소는 전쟁의 참혹함과 파괴를 극단적으로 묘사하며 평화로운 세상과 대비되는 전쟁의 야만성을 강렬한 이미지로 표현했다. 루소에게 늘 장난스럽게 굴던 고갱은 이 그림을 보고 루소의 독특한 검은색을 칭송했다. 이 검은색은 오직 루소만이 쓸 수 있는 색이며 그 누구도 흉내 낼 수 없을 것이라고 평했다. 루소의 검은색은 다른 화가들이 흉내 낼 수 없는 독특한 감정과 상징성을 담고 있다.

"이 그림은 이전에 본 적 없는 감정을 불러일으킨다. 이것이 바로 탁월한 자질이 아닐까?"

그의 말처럼 루소의 작품에는 기존의 틀을 벗어나는 새로운 감각이 있었다. 이는 그가 전통적 기법을 배운 적이 없기 때문에 가능했던 순수하고 본능적인 표현이었을지도 모른다.

무명의 루소를 처음 알아봐 준 사람은 시인 알프레드 자리였다. 그는 루소의 이 그림에 대해 시적인 언어로 묘사했다.

"공포에 질린 말이 춤추듯 목을 뻗고, 그 주변에 검은 잎이 보라색 구름 속에 자리 잡고 있다. 파편들이 솔방울처럼 떨어지고, 시체들 위로 빛나는 부리를 가진 까마귀들이 습격한다."

알프레드 자리의 그림 묘사는 루소가 전달하려는 감정과 상징을 탁월하게 분석한다. 그는 루소의 작품이 전쟁이 불러일으키는 공포와 초현실적인 분위기를 생생하게 표현하고 있고, 상징적이고 상상적인 요소들을 강조하고 있음을 알아보았다. 그리고 《머큐어 드 프랑스》에 이런 글을 기고했다.

"그림은 화가의 인격이다. 우리가 잘 모르는 그림, 규격에서 벗어나는 것은 현대인들을 혼란스럽게 한다. 사람들은 자신이 이해할 수 없으면 몽땅 미친 짓이라고 밀어 둔다. 루소는 사회의 어리석은 편견의 제물이 됐다."

1장 _ 나에게 앙리 루소가 왔다　39

지금의 현대 미술 관점으로 보면 자리의 글은 무척 탁월한 분석임을 알 수 있다. 루소가 가진 순수한 열정과 직감적인 예술은 그의 그림에서 독특한 감성을 불러일으킨다. 루소의 작품은 단지 미숙한 기법의 결과가 아닌, 오히려 기교를 버리고 탄생한 독창성의 산물이다. 루소는 사회가 이해하지 못하는 '비규격적'인 예술을 창조하며 편견에 맞섰다.

알프레드 자리의 분석대로 사람들은 자신이 이해할 수 없는 것을 두려워하고 배척하려 한다. 그러나 시간이 지남에 따라 루소의 작품은 오히려 그 당대의 규격을 넘어서는 상징적인 작품으로 평가된다.

4. 동시대 예술가들의 인정을 받다

알프레드 자리의 소개로 루소는 시인 기욤 아폴리네르를 만나게 된다. 파블로 피카소(Pablo Picasso)와 친분이 깊던 아폴리네르는 루소를 당시 파리 예술가들의 아지트인 몽마르트르의 '세탁선(Bateau-Lavoir)'에 초대해 피카소와 여러 예술가들을 소개해 주었다. 세탁선은 몽마르트르에 있는 낡은 건물로 많은 예술가들이 살았던 역사적 장소였다. 피카소가 이곳에 아틀리에를 차리면서 급속히 새로운 예술의 중심지가 되었고 작업실을 넘어 예술적 실험과 혁신이 일어나는 현대 예술의 산실이 되었다. 이곳은 지금도 많은 후대 예술가들에게 영감을 주는 장소로 남아 있다.

피카소는 이 만남 이전에 이미 루소의 그림을 알고 있었다. 루소의 독특한 그림에 매우 깊은 인상을 받았던 피카소는 루소를 높게 평가했다.

1908년, 피카소는 몽마르트르의 중고품 가게에서 루소의 〈여인의 초상〉을 발견하고 단돈 5프랑에 구입했다. 현재 돈으로는 약 3만 원 정도라고 한다. 루소의 그림을 무시하던 가게 주인은 그림을 지우고 그 위에 피카소의 그림을 덧그리라고 권했다. 그러나 피카소는 루소의 솔직한 초상화가 지닌 매력을 알아보았다.

평소 독설가이고 남의 작품에 대해 칭찬하는 일이 드물었던 피카소는 루소의 순박한 필치의 작품들을 격찬하고 루소를 위한 파티를 열어 주었다. 파티에서 피카소의 칭송에 격양된 루소는 소리쳤다.

"피카소와 나는 이 시대의 가장 위대한 두 화가입니다. 피카소는 이집트 스타일로, 저는 모던 스타일로!"

▶ 〈여인의 초상〉, 1895. 루소의 인물 묘사는 인물의 정적인 표정과 주변 배경의 상징성이 중요한 역할을 했다. 루소는 종종 초상화 속 인물을 자신만의 특정 분위기 속에 배치함으로써 그 인물에 내재된 이야기를 드러내려고 했다.

아무도 이해하지 못했던 이 외침은 루소의 지나친 자존감과 그의 순진한 면모를 보여 준다. 루소의 세계는 확실히 보통 사람과는 달랐다.

루소의 순수한 자기애는 그의 예술의 원천이었을 것이다. 그는 남들이 이해하든 말든 자신의 세계에 충실했고, 이를 통해 사람들의 평가를 의식하지 않는 독창적인 예술 세계를 만들어 냈다. 피카소가 루소를 보고 느낀 신선함과 감탄은 단순히 그 화풍이 독특해서가 아니라, 루소가 세속적인 성공을 초월하여 진정한 예술가의 길을 꿋꿋이 걸어가고 있음을 알아보았기 때문이 아니었을까?

어린 시절부터 천재 화가로 불렸던 피카소는 그동안 배운 것들을 모두 지우고 새로운 현대 예술을 탄생시키기 위해 고민에 빠져 있었다. 1907년에 그린 피카소의 파격적인 그림 〈아비뇽의 처녀들〉은 공개되지 않고 한동안 감추어져 있었다. 〈아비뇽의 처녀들〉은 20세기 회화사에서 기념비적인 작품이다. 미와 전통의 가치를 전복한 이 작품은 현대 미술의 효시로 불린다. 피카소는 아프리카의 원시 조각을 보고 기존의 형식을 파괴할 힌트를 얻었고 새로운 표현에 도전했다.

그는 그림을 완성한 즉시 가까운 지인에게 공개했지만 그 누구도 이 파격적인 그림을 이해하지 못했다. 친구들은 단지 너무 야만적인 그림이라고 평했다. 피카소는 그들의 평가에 실망하여 그림을 공개하지 못하고 있었다. 그런데 무명의 화가 루소는 피카소가 주저하던 새로움을 이미 거침없이 구현하고 있었다. 피카소는 루소의 그림에서 미술의 기교를 버리고 탄생한 창조적이고 원시적인 힘을 즉각 알아보았다.

루소의 작품을 인정한 소수의 사람 중 한 명인 독일 비평가 빌헬름 우데(Wilhelm Uhde)는 파리 방문 중 우연히 루소의 작업실에 들렀다. 루소의 좁은 아틀리에는 한 사람이 몸을 움직이기도 힘들어 보였다. 그 협소한 공간에서 루소는 아주 커다란 캔버스에 그림을 그리고 있었다. 그림을 그린다기보다 그림 속으로 들어가 있는 것처럼 보였다. 우데는 루소의 그림 〈뱀을 부리는 마법사〉를 처음 마주한 순간 완전히 매료되었다.

달빛이 환하게 비치는 밤, 역광을 받으며 서 있는 여인의 검은 실루엣은 신비롭고 강렬한 힘을 발산했다. 밤도 아니고 낮도 아닌, 설명할 수 없는 어떤 경계의 공간에 시간은 멈춘 것 같이 보였다. 그림에서 뿜어져 나오는 생경하고 강렬한 에너지는 우데를 압도했다. 그는 이 독특한 작품의 가치를 즉각적으로 알아보고 루소의 열렬한 지지자가 되었다. 이후 우데는 르소의 전시회

46   앙리 루소가 쏘아올린 공

를 주선하며 그를 적극적으로 지원했고 그의 예술 세계를 세상에 알리는 데 기여했다.

루소는 인간적인 면에서 주변 사람들을 끌어당기는 힘이 있었다. 불쌍한 이웃을 보면 앞뒤 재지 않고 아낌없이 나누어 주었다. 말년에 제법 돈을 벌었음에도 항상 빈털터리였던 것도 그 때문이다. 그의 이러한 무던하고도 따뜻한 성품 덕에 많은 사람이 그를 찾았고, 그는 바쁜 와중에도 손님을 맞이할 때마다 귀찮은 내색 없이 친절과 배려로 대했다. 이런 온화한 성격과 순수한 마음 덕분에 루소는 당대의 주요 예술가들과 넓은 인맥을 형성할

◀ 앙리 루소, 〈뱀을 부리는 마법사〉, 1907. 달빛에 감싸인 정글 속, 피리를 불고 있는 여인의 주변으로 뱀들이 춤추듯 다가온다. 큼지막한 잎들은 물방울을 툭툭 떨어뜨릴 듯 어우러지며 초현실적인 풍경에 신비롭고도 해독할 수 없는 매력을 더한다. 이 작품은 보는 이들을 매혹의 세계로 이끈다. 그림 속 세계는 누구나 한 번쯤 상상해 보았지만 갈 수 없는 이상향의 신비로 가득하다. 루소는 삶의 굴곡 속에서도 꿈꾸기를 멈추지 않았고 무한한 상상력은 그의 손끝에서 현실로 피어났다.

수 있었다. 그의 인간적 면모와 예술성은 시간이 지날수록 점점 더 많은 사람으로부터 인정받게 되었다.

고갱의 장난에 순진하게 반응했던 에피소드를 보면 루소는 다소 둔감하고 순진한 성격을 지닌 듯 보인다. 그러나 이 성격은 시간이 지나면서 오히려 그의 매력이 되었다. 사람들은 그의 순수함에 매료되어 여러 모임에 초대하고 지인들에게 소개했다.

사람들은 초창기에 그의 그림이 서투르다는 평가를 했지만 점차 루소의 그림만이 가진 독창적인 분위기에 이끌리기 시작했다. 그를 놀리던 고갱조차도 루소의 원시적 풍경과 특유의 감성에 매료되었을 정도였다. 루소 그림의 지지자였던 빌헬름 우데는 그에 대한 첫 논문을 발표하여 미술사에 루소의 존재를 각인시켰다.

루소는 외부의 평가나 비판에 흔들리지 않고 진심을 담아 사람과 예술을 대했다. 이러한 진정성 덕분에 결국 그는 사람들의 마음을 움직이고 깊은 감동을 전할 수 있었다.

5. 꿈과 현실의 경계를 넘나들다

루소는 피카소에 의해 높은 평가를 받은 1908년경부터 동시대 예술가들로부터도 점차 인정받기 시작했다. 당대 아방가르드 화가들은 루소의 독창성과 새로움을 지지했다. 초현실주의 화파를 이끌던 시인이자 미술 이론가 앙드레 브르통(André Breton)은 루소의 그림에서 초현실주의가 추구하던 이상을 발견했다. 브르통은 루소가 그린 열대 풍경에 현실과 환상의 경계가 사라지고, 무의식의 세계로 이끄는 초현실의 공간이 펼쳐지고 있음을 알아차렸다.

브르통은 수집가들에게도 루소의 그림을 소개하고, 적극적으로 추천했다고 한다. 예술에 대한 뛰어난 감식안을 지녔던 파리의 유명 미술상 앙브루아즈 볼라르(Ambroise Vollard)도 루소의 그림을 구입했다. 이는 당시 미술계에서 루소가 차츰 영향력을 넓혀 가고 있음을 보여 주는 중요한 사건이었다.

시인 아폴리네르는 가난한 루소를 돕기 위해 자신과, 자신의 연인이었던 화가 마리 로랑생의 커플 초상화를 의뢰했다. 루소는 평소 주변의 조롱을 의식했던 탓인지 자를 들고 아폴리네르와 로랑생의 얼굴과 몸을 정밀하게 실측했고, 피부색에 맞춰 물감의 색조까지 세심히 대조하며 그림을 그렸다. 그러나 완성된 그림 〈시인에게 영감을 주는 뮤즈〉는 여전히 특유의 루소 스타일을 벗어나지 않았고, 실측을 통해 그린 것이 맞는지조차 의심스러울 정도였다. 작품 속 아폴리네르는 종이와 독수리 깃털 펜을 들고서 시인임을 강조하고, 로랑생은 한 손을 하늘로 들어 올려 시인에게 영감을 주는 뮤즈임을 상징하고 있다.

그러나 완성된 그림을 본 로랑생은 상당히 불쾌해했다고 전해진다. 그녀는 "나는 이렇게 뚱뚱하지 않아요!"라며 자신의 모습에 불만을 드러냈다. 친구 아폴리네르 역시 "전혀 닮지 않았다."며 당황스러워했다. 이 초상화는 낯설고 투박한 묘사로 주인공들에게 받아들이기 쉽지 않은 작품이었을 것이다. 게다가 로랑생은 섬세하고 감각적인 그림을 그리는 화가였다. 로랑생이 그린 자화상을 보면 그 차이가 확연하여 재미있다.

그러나 루소는 자신만의 예술적 진지함으로, 마음을 다해 그들의 모습을 표현하려 했을 것이다. 루소가 자를 들고 실측하며 심혈을 기울여 그림을 그리고 있는 모습을 상상해 보면 그의 애틋한 마음이 느껴지는 것 같다. 그는 진지하게 그림을 그렸고 자신만의 방식으로 그 진지함을 표현했다.

마리 로랑생, 〈자화상〉, 1924(?)

◀ 앙리 루소, 〈시인에게 영감을 주는 뮤즈〉, 1908~09. 루소의 독특한
상상력과 상징주의적 성격이 잘 드러나는 그림이다. 이 작품은 루
소가 그의 예술적 목표를 독창적으로 시각화한 또 다른 예로, 시인
과 뮤즈라는 주제를 통해 예술과 창조의 본질을 탐구하고 있다.

1장 _ 나에게 앙리 루소가 왔다   53

6. 예술의 선구자로 재평가되다

앙리 루소의 예술적 가치는 사후에 크게 재평가되어 그는 현대 미술사에서 중요한 인물로 위치한다. 루소는 '원시예술의 선구자'로 불린다. 앙리 루소만이 가진 원시적인 예술은 후대 화가들에게 큰 영향을 미쳤다.

조각조각 그려서 붙인 것 같은 루소의 독특한 화법은 입체파의 콜라주에 영향을 주었고, 나아가 추상화의 길을 열었다. 꿈과 현실이 기묘하게 섞여 있는 많은 작품들은 이후 초현실주의로 이어졌다.

그의 그림에서 뿜어 나오는 낯설고 싱싱한 분위기, 신비롭고 원초적인 에너지는 전통적인 교육을 답습하는 예술과는 많이 달랐다. 작품 〈꿈〉을 비롯해서 이국적인 정글은 루소 하면 가장 먼저 떠오르는 모티프이지만 정작 루소는 프랑스 밖을 나가 본 적이 없었다.

그는 식물원과 자연사박물관을 방문하여 관찰하고 세심하게 스케치했다. 또한 선물 포장지나 잡지에서 이국적인 요소를 참조하여 자신만의 환상적이고 독창적인 정글 세계를 완성해 나갔다.

파리국립식물원은 루소가 상상했던 원시림의 영감을 제공했다. 파리국립식물원의 관리인은 루소가 그림을 그리고 연구하는 데 열중하는 것을 보고 관람 시간이 지나도 머무를 수 있게 배려했다. 루소는 텅 빈 식물원 온실에 홀로 앉아 이국적인 식물들 사이에서 꿈같은 세계를 창조했을 것이다. 그에게 이것은 어쩌면 꿈이 아닌 현실의 세계였을 것이다. 마음으로 여행할 수 있는 사람이 바로 예술가이리라.

루소의 그림 안에 있는 여러 식물과 동물들은 현실의 형태와 다르다. 실제 모습을 그대로 따라 그렸다기보다 루소의 상상 속 세계를 캔버스에 재현해 놓았다고 볼 수 있다. 그의 붓 끝에서 피어난 정글이 생동감 넘치고 신비롭게 다가온 이유는 그것이 마음속 깊은 곳에 자리한 꿈의 세계였기 때문이다.

루소의 독특한 묘사와 화풍은 어떤 화파로도 분류하기 어렵

▲ 앙리 루소, 〈고릴라와 인디언이 싸우는 풍경〉, 1910. 야생의 긴장과
   원초적 생명력을 선명하게 표현한 작품이다. 그림 속에서 고릴라
   와 원주민은 강렬하게 대치하고 있다. 루소가 창조한 정글의 조화
   와 평화 속에는 여전히 해소되지 않은 갈등이 존재한다. 이러한 갈
   등은 자연과 인간, 본능과 문명 사이의 관계를 은유적으로 드러낸
   다. 중앙에 두드러지게 빛나는 붉은 태양은 주로 남성적 존재 혹은
   아버지를 상징한다. 흥미롭게도 루소의 정글 회화에서는 주로 남
   성만이 갈등과 투쟁을 벌이고 여성은 평화와 조화를 나타낸다. 투
   쟁의 순간에도 화면 가득한 식물들은 평온하게 공존하며 생명력
   넘치는 원초적 낙원을 표현하고 있다.

다. 최근 미술사 연구에서도 루소는 20세기 초반 아방가르드 예술의 흐름 속에서 등장했지만 그와 동시대 미술의 경향과 거의 공통점이 없어 충분히 연구되지 않은 인물로 남아 있다. 루소는 여전히 '미술사에 도전적인 인물' 혹은 '잘 이해되지 않는 화가'로 설명되곤 한다.

미술에서 화파란 어떤 특정한 회화적 표현 방식을 공유하는 다수의 화가를 묶은 것이다. 각 화파는 고유의 미술적 특성과 철학을 지니고 있다. 화파를 분류하는 것은 예술을 체계적으로 이해하고 특정한 미술적 흐름과 특징을 분석하는 데 중요한 역할을 한다. 앙리 루소가 활동하던 시기는 인상파, 입체파, 야수파, 초현실주의 등이 주류를 이루고 있었다. 루소의 톡특한 스타일은 오랫동안 낯선 작품이라는 이유로 독창성이 간과되고 배제되었다.

일부는 루소를 '소박파(Naive Art)'로 분류하지만 사실 소박파는 특정 이념이나 미술 운동에 공감하는 화가들의 집단이 아니다. 오히려 아마추어 화가나 훈련받지 않은 화가를 지칭하는 일반적인 용어에 가깝다. 루소는 자신만의 독창적 세계관을 지닌 예술가로서, 이러한 분류에 포함되기에는 너무나도 독립적이고 개성 있는 화가였다.

루소를 설명하는 또 다른 분류는 '아르 브뤼(art brut)'인데, 프랑스어로 순수미술, 혹은 살아 있는 날것의 미술을 의미한다. 아르 브뤼는 화가 장 뒤뷔페(Jean dubuffet)가 문화계 영역 바깥에서 만들어지는 예술을 나타내기 위해 만든 용어다. 그러나 루소의 경우 전문 화가로 활동했기에 이 역시 그에게 적절한 용어가 아니다. 어쩌면 화가 앙리 루소는 특정한 화파로 분류하지 않고 그 자체로 부르는 것이 적절할 것 같다.

하지만 루소가 주류 미술계에 포함되지 않았다는 사실은 오히려 그를 더욱 특별하게 만든다. 특정 화파에 속하지 않았다는 것은 고립이 아니라 그가 누구보다 자유로운 예술가였음을 보여 준다. 루소는 자신의 내면세계를 충실히 캔버스에 옮겼으며

◀ 앙리 루소, 〈이국적 풍경〉, 1908. 루소가 그린 나무와 풀은 현실의 식물을 그대로 묘사한 것이 아니다. 실제르 후대의 어느 연구자가 유명한 식물학자에게 루소가 그린 열대 식물의 감정을 요청했다고 한다. 식물학자는 그림을 면밀히 관찰했지만 실존하는 식물과 꼭 같은 것은 하나도 없다고 회답해 왔다.

그로 인해 그의 작품은 누구도 흉내 낼 수 없는 신비로움을 지니게 되었다.

그는 예술에 대한 순수한 열정과 독특한 감성을 담아내며 전통적 예술의 틀을 넘어선 새로운 세계를 제시했다. 이는 독창성을 넘어 현대미술에 던진 강렬한 도전과 진정성의 메시지가 되었다.

루소의 예술적 정체성은 시간이 지날수록 점점 더 많은 사람들에게 재평가되고 있으며, 그의 작품은 예술의 본질과 진정한 의미를 일깨워 준다.

앙리 루소의 생애를 돌아보면 꿈을 발견하고 도전하는 데 나이나 상황은 결코 걸림돌이 될 수 없음을 보여 준다. 루소는 언제나 자신을 긍정하고 철저히 믿었다. 그는 자신의 그림이 세상에서 최고라고 확신했고 그 믿음은 조롱과 외면 속에서도 흔들리지 않았다.

루소의 예술은 평범함 속에 감추어진 비범함을 드러냈다. 그의 작품은 초기에는 외면당했지만 시간이 흐른 후에야 그 진가를 인정받게 되었다. 그는 작은 성공에도 크게 만족하며 스스로를 영웅시하는 경향이 있었다. 이런 과대망상적 믿음이 없었다면 루소는 자신의 꿈을 끝까지 좇지 못했을지도 모른다.

그의 삶은 단지 예술가로서의 도전이 아니라 자신만의 세계를 끝까지 지켜 내는 과정이었다. 루소의 삶은 우리에게 속삭인다.

"새로운 시즌을 두려워하지 마세요."

"조롱받더라도, 다른 이들과 다르다고 평가받더라도, 자신만의 길을 걸어갈 용기를 가지세요."

그리고 이렇게 덧붙인다.

"진정한 열정은 시간이 지나도 빛을 잃지 않아요. 나 자신을 믿는 단순한 믿음이야말로 불가능을 가능으로 바꾸는 가장 강력한 힘입니다."

2장

불안은
새로운
기회다

우리는 가끔 지나간 시간을 돌아보며 후회에 잠기거나 지쳐서 멈춰 서기도 한다. 하지만 그 시간은 지나온 날들에 붙잡히는 순간이 아니다. 오히려 더 나은 미래를 꿈꾸고 새로운 도전을 시작할 수 있는 기회의 문이다.

앙리 루소의 삶은 그 명확한 증거다. 안정적인 길을 떠나 예술이라는 불확실한 세계로 뛰어든 그의 용기는, 무모해 보이는 선택이 때로는 삶의 가장 빛나는 전환점이 될 수 있음을 보여 준다. 실패는 끝이 아니다. 우리를 단련시키고 더 큰 성취로 이끄는 과정이다.

인생의 반환점에서 우리는 선택의 기로에 서 있다. 과거의 실수와 아쉬움에 발목을 잡힐 수도 있다. 또는 앞으로 나아가 새로운 길을 열어갈 수도 있다. 이 반환점은 중간을 뜻하는 시간의 흐름이 아니다. 우리의 태도와 결단에 따라 무한한 가능성을 품은 전환점이 될 수도 있다. 실패를 두려워하지 않는다면 더 선명한 목표를 향해 한 걸음씩 나아갈 수 있다.

무엇을 선택할 것인가? 그것이 곧 두 번째 인생의 시작점이 될 것이다.

1. 이유 없이 공허하다

많은 사람이 중년에 접어들면서 이유 모를 공허함을 느낀다고 말한다. 마치 마음속에 큰 구멍이 뚫린 듯 일상의 일들이 더 이상 만족스럽지 않고 모든 것이 무의미하게 느껴지기도 한다. 삶의 의미와 목적이 희미해질 때 찾아오는 이 상태는 그동안 달려왔던 길을 한순간에 의미없게 만들기도 한다.

심리학자들은 이러한 상태를 '실존적 진공상태(Existential Vacuum)'라고 부른다. 심리적 공허 상태는 삶의 방향을 상실하게 만든다. 그리고 우리는 지나온 시간을 돌아보며 스스로에게 '나는 어디로 가고 있는가?'라는 질문을 하게 된다. 특히 인생의 반환점에서 이러한 물음은 더욱 절실해지며, 그동안 쌓아 올렸던 가치와 목표가 진정으로 내면의 갈망을 채워 왔는지 의심하게 되기도 한다.

반환점의 시기는 자신의 삶이 진정 나를 위한 것인지 돌아보게 되는 때다. 항상 무언가를 이루기 위해 달려왔지만, 인생의 반환점에 서면 그동안의 목표와 방향에 의문이 생긴다. 이때 자신의 진정한 갈망을 깨닫고 내면의 목소리에 귀를 기울일 수 있다면 더 단단하고 의미 있는 삶을 시작할 수 있을 것이다.

그렇다면 왜 이런 실존적 공허감이 생기는 걸까?

현대 사회는 물질적 성공과 외부적 성취를 끊임없이 강조하며, 개인의 가치를 이러한 기준으로만 평가하는 경향이 있다. 하지만 외적인 성취는 내면 깊은 곳에 자리한 결핍을 채우기에 충분하지 않다. 삶을 외부의 기준에 따라 살아가다 보면 어느 순간 스스로에게 근본적인 질문을 던지게 된다. '내가 정말 원하는 것은 무엇인가?' '이 모든 성취가 나에게 진정한 만족을 주는가?' 외부의 성공이 아무리 크더라도, 그것이 내면의 공허를 메울 수 없음을 알게 되는 순간, 우리는 삶에서 진정 중요한 것이 무엇인지 고민하게 된다.

내면의 빈 공간은 결국 정신적 의미와 가치로만 채워질 수 있다. 이는 소유나 성취가 아니라 존재 자체의 의미를 발견하고 스스로에게 중요한 가치를 찾아 나가는 과정에서 채워진다. 이 공허감은 우리에게 삶의 방향을 재정비하고, 더 깊고 진정성 있는 삶을 추구할 기회를 제공하는 신호일지도 모른다.

정신과 의사이자 심리학자 빅터 프랭클(Victor E. Frankl)은 나치 수용소에서 겪은 극한 경험을 통해 '인간은 어떤 존재인가'에 대한 답을 찾았다. 그는 자서전 《죽음의 수용소》에서 홀로코스트 지옥 속에서도 삶의 의미를 찾고 생존한 이야기를 전했다.

프랭클은 생사를 넘나드는 참혹한 환경 속에서도 인간을 진정으로 움직이는 것이 무엇인지 탐구하며 '로고테라피(Logotherapy)' 이론을 완성했다. 로고테라피는 '의미'라는 뜻의 로고(Logo)와 '치료'를 뜻하는 테라피로 이루어졌다. 한마디로 '의미 치료' 즉 '의미를 찾는 치료(Healing through Meaning)'라고 해석할 수 있다.

그에 따르면 삶의 의미를 찾는 일이야말로 인간 존재를 지탱하는 가장 근본적인 본능이다. 로고테라피는 삶의 의미와 의지가 좌절될 때 찾아오는 실존적 공허를 다루며, 이러한 공허를 극복하도록 돕는 데 초점을 맞춘다. 그것은 고통과 절망 속에서도 삶의 의미를 발견하려는 인간의 의지가 얼마나 강력한지를 보여 주며, 많은 이들에게 삶의 길을 비춰 주고 있다.

프랭클은 이렇게 말했다. "삶의 이유(why)를 아는 사람은 어떤 어려움(how)도 견딜 수 있다." 그의 분석에 따르면 현대인이 겪는 고통은 프로이트(Sigmund Freud)가 말한 성적 좌절이나 아들러(Alfred Adler)가 말한 열등감 때문이 아니다. 오히려 그것은 삶의 의미를 찾지 못하는 데서 오는 좌절, 즉 '존재적 진공'에서 비롯된다.

이 '존재적 진공'은 현대 사회에서 많은 사람들이 겪는 막막함과 공허감의 본질이다. 삶이 의미를 잃는 순간 우리는 방향을 잃고 스스로를 무의미한 반복 속에 가두게 된다. 프랭클은 이러한 공허가 우울을 넘어, 인간 존재 자체를 흔드는 깊은 고통의 원천이라고 보았다.

그렇다면 이 공허함을 어떻게 극복할 수 있을까?

프랭클은 이렇게 말했다. "절망은 고통 그 자체 때문이 아니라 고통의 이유를 알지 못할 때 찾아온다." 지금 우리를 힘들게 하는 것은 공허함이 아니라 그 공허가 어디에서 비롯되었는지 알지 못하는 혼란과 무력감이다. 이런 상태에서는 우리의 삶이 마치 방향을 잃은 배처럼 느껴진다.

따라서 필요한 것은 내가 사는 의미를 재발견하는 과정이다. 프랭클은 이를 이렇게 강조했다. "삶이 의미가 있는지를 묻지 말라. 매 순간 의미를 부여하는 것은 바로 우리 자신이다." 삶의 의미는 외부에서 주어지는 것이 아니라 우리가 직접 만들어 가는 것이다.

중년의 반환점에 선 우리는 지나온 삶을 차분히 되짚어 볼 필요가 있다. 과거의 역경 속에서 얻은 깨달음과 그 경험이 나를 어떻게 변화시키고 성장하게 했는지를 살펴보는 것이다. 또한 성취했던 순간들과 마음 깊이 기쁨과 보람을 느꼈던 기억들 속에서 삶의 의미를 찾아내는 단서를 발견할 수 있다.

의미를 찾는 과정은 우리가 걸어온 길에서 새로운 가치를 발견하고, 앞으로 나아갈 방향을 능동적으로 설계하는 작업이다. 공허함을 극복하는 길은 '왜 살아야 하는가'라는 질문에 머무르지 않고, '어떻게 의미를 만들어 갈 것인가'라는 태도로의 전환에서 시작된다.

이 과정은 삶을 바라보는 관점을 재구성하는 데서 출발한다. 타인의 시선에 얽매이지 않고, 진정으로 내가 원하는 것이 무엇인지 탐구하는 순간, 비로소 새로운 삶의 방향이 열린다. 이렇게 스스로 선택한 방향 속에서 우리는 내 삶의 의미를 정의하고, 오늘을 살아가는 이유를 더 분명하게 마주할 수 있게 된다.

철학적 성찰고· 삶의 주도성에 대하여

철학자이자 소설가인 페터 비에리(Peter Bieri)는 인간다운 삶을 깊이 성찰해 왔다. 그는 필명 파스칼 메르시어(Pascal Mercier)로 발표한 소설《리스본행 야간열차》를 통해 소설가로도 세계적인 명성을 얻었다.

비에리는 삶에서 가장 중요한 요소로 '자기 결정'을 강조한다. 그는 저서《자기 결정》에서 "내 삶의 작가가 되라."고 말한다. 맹목적이고 무계획적인 삶에서 벗어나 스스로 삶의 주인이 되라는 것이다. 이는 자신의 삶을 타인의 기대나 외부의 압력에 맡기지 않고 의식적으로 선택하며 살아가는 태도를 뜻한다.

삶의 주인이 되기 위해 가장 먼저 해야 할 일은 자신의 자아를 이해하고, 스스로를 깊이 인식하여 진정한 '자아상'을 찾는 것이다. 이를 위해서는 자신에게 끊임없이 질문을 던지고 매 순간 깨어 있으려는 노력이 필요하다.

예를 들어 직장에서 오랜 시간 반복적으로 일하다 보면 내가 추구하는 가치나 내게 진정으로 중요한 것이 무엇인지 잊어버리기 쉽다. 매일 주어진 일에 치이다 보면 '이 일을 왜 하고 있는지', '이 일이 내 삶에 어떤 의미가 있는지'와 같은 근본적인 질문을 미루게 된다. 이런 반복되는 일상이 지속되면 우리는 점차 스

72   앙리 루소가 쏘아올린 공

스로를 잃어버리고 삶의 방향을 상실하며 공허함 속에 빠지게 된다.

비에리는 이러한 상태에서 벗어나기 위해 자기 인식과 삶의 의미를 찾아가는 과정이 필수적이라고 강조한다. 그는 이렇게 말했다. "이유를 모르고는 한 걸음도 움직일 수 없습니다. 걷다가 그 이유를 잊어버리면 일단 멈추고 다시 이유를 떠올린 뒤 걸어야 합니다." 이는 곧 삶의 방향을 스스로 결정하고 그 이유를 찾아가는 과정이야말로 행복하고 존엄한 삶의 본질임을 의미한다.

만약 시간을 내어 '이 일을 정말 하고 싶은가?' '내가 원하는

◀ 앙리 루소, 〈폭풍 속의 선박〉, 1896. 프랑스 국기를 달고 거친 파도를 헤치며 나아가는 이 배는 루소의 풍경화 중에서도 매우 드문 장면이다. 생생하게 묘사된 파도와 비바람 속 용감한 배의 모습이 인상적이다. 실제 폭풍우를 경험한 듯한 사실적 요소와 함께, 어딘가 동화적인 감각도 엿보인다. 폭풍우 속에서도 흔들리지 않고 항해하는 배는 어려움을 헤치며 앞으로 나아가는 루소 자신의 삶과도 닮아 있다.

삶은 어떤 모습인가?'라는 질문을 스스로에게 던져 본다면 지금 껏 추구해 온 목표와 가치가 타인의 인정이나 외부의 기준에서 비롯된 것임을 깨닫게 될 수도 있다. 혹은 평소에 간과했던 관심 사와 활동을 돌아보며 진정한 갈망과 보람을 느끼는 영역을 발 견할 수도 있다. 이러한 자기 탐구는 우리가 삶을 더 깊이 이해 하고, 외부의 요구에 휩쓸리지 않으며, 진정으로 원하는 삶을 설 계할 수 있는 기반이 된다.

어떤 사람은 회사에서 승진을 목표로 열심히 달려왔지만 자 아를 찾아가는 과정에서 오히려 예술에 대한 열정을 발견할 수 도 있다. 여기서 말하는 '자아상'은 타인에게 보여 주기 위한 외 적인 모습이 아니라 자신이 진심으로 믿고 존중할 수 있는 진짜 나의 모습을 뜻한다. 이런 자아상은 겉으로 드러나는 역할이나 성취로 규정되지 않는다. 내면 깊은 곳에서 나를 움직이고 삶에 의미를 부여하는 본질적인 자아를 발견하는 데서 비롯된다.

자아를 찾는다는 것은 외부의 기대나 사회적 요구에 맞춰 살 아온 삶에서 벗어나 내 삶의 주인이 되는 과정이다. 자기 탐색은 우리의 삶을 타인의 기준이 아닌 나만의 가치와 의미로 채워 가 는 길이다. 진정한 자아를 찾을 때 우리는 비로소 외부의 조건에 흔들리지 않고, 내면의 목소리에 따라 살아가는 주체적인 삶을 시작할 수 있다.

결국 비에리가 말하는 자기 결정의 힘은 '왜?'라는 질문을 멈추지 않고, 선택의 이유를 분명히 하며, 의미를 되찾는 과정을 통해 삶을 더욱 존엄하게 만들어 가는 데 있다.

중년에 찾아오는 실존적 위기는 익숙한 방식으로는 더 이상 삶을 지속할 수 없다는 깨달음을 준다. 이는 더 깊고 본질적인 삶의 의미를 탐구하도록 이끈다. 이 과정에서 느껴지는 실존적 공허감은 단순한 막막함이 아니라 새로운 삶으로 전환할 수 있는 기회로 변화한다. 자신을 돌아보고 삶의 방향을 재설계하며 나만의 의미를 발견하는 여정은 더 충만한 삶으로 나아가는 첫걸음이다.

이 선택은 스스로를 삶의 중심에 세우고, 진정으로 존중하며 자유롭게 살아가는 시작점이 된다. 과거의 틀을 넘어 새로운 가능성과 마주하며, 더 풍요롭고 의미 있는 삶을 창즈하는 과정이 중년의 반환점에서 우리가 선택해야 할 가장 중요한 길이다.

2. 괜히 불안하다

　중년이 되면 이유를 알 수 없는 불안이 찾아오곤 한다. 미래에 대한 막연한 불확실함, 자신의 존재감이 희미해지는 것 같은 두려움이 우리를 혼란에 빠뜨리기 때문이다. 이는 심리적인 불편함을 가져올 뿐만 아니라 삶의 방향을 잃고 깊은 위기감을 느끼게 만드는 경우가 많다.

　수명이 길어진 현대 사회에서, 더 많은 시간을 살아간다는 것이 꼭 반갑지만은 않다. 삶의 의미를 찾고 방향을 재설정하는 과제가 그만큼 더 무겁게 느껴지기 때문이다.

　예를 들어 오랫동안 직장에 몸담아 왔던 사람은 퇴직 후 '나는 이제 무엇을 할 수 있을까?'라는 질문에 직면하게 된다. 아이를 키우느라 자신을 돌볼 여유가 없었던 부모는 자녀가 독립한 뒤에 공허함과 함께 자신이 누구인지 다시 묻기 시작한다.

중년의 불안은 단지 마음의 문제로 그치지 않는다. 피로감과 스트레스는 물론 신체적 어려움으로까지 이어지며 우리의 일상에 깊은 영향을 미친다. 이러한 불안과 혼란은 중년이라는 반환점에서 겪는 공통적인 과제다. 중요한 것은 이러한 불안을 억누르려 하기보다 이를 통해 새로운 길을 모색하는 것이다. 지금 느끼는 불안은 어쩌면 우리가 더 나은 삶을 찾도록 이끄는 신호일지도 모른다.

심리학자 카를 융은《영혼을 찾는 현대인》에서 중년기를 진정한 삶의 시작으로 보았다. 그는 중년기에 불확실성과 혼란을 겪는 이유가, 사람들이 과거의 규칙과 패턴으로 현재의 문제를 해결하려 하기 때문이라고 설명한다. 융은 이 시기를 '외부 세계에서 내적 세계로의 전환'으로 정의하며, 젊은 시절 외부 성취에 집중하던 에너지를 중년에는 내면으로 돌려야 한다고 강조했다.

중년이 되면 기존에 중요하게 여겼던 가치들이 더 이상 의미를 갖지 못한다고 느끼게 된다. 가족, 직업, 사회적 위치, 재정적 안정 등 많은 것을 이뤘다 하더라도 삶이 허무하게 느껴질 수 있다. 이러한 위기감은 외부적인 문제에서 비롯된 것이 아니다. 이는 삶의 정체성에 대한 내부의 깊은 질문과 연결된다.

중년 이후의 삶은 '무엇을 소유할지'가 아니라, '어떻게 존재할지'를 고민하는 시기다. 하지만 이 시기와 불안을 부정적인 감정으로만 볼 필요는 없다. 진화심리학과 뇌과학에 따르면 불안은 생존을 위한 필수적인 조건이다. 불안은 위험을 감지하고 적절히 대응할 시간을 제공하며 결과적으로 생존 가능성을 높여 준다.

이런 관점에서 불안을 삶의 경고 신호이자 더 나은 방향으로 나아가도록 자극하는 긍정적인 역할로 이해할 수 있다. 중년기에 느끼는 불안 역시 그저 피해야 할 감정이 아니라 인생의 다음 단계로 나아가기 위한 중요한 신호로 받아들여야 한다. 불안은 변화의 시작을 알리는 내적 메시지일 수 있다. 이를 통해 우리는 멈춰 있던 삶의 방향을 점검하고 새로운 가능성을 모색할 힘을 얻을 수 있다.

예를 들어 직장에서 승진이라는 목표를 이루었지만 허무함을 느끼는 사람은 이 불안을 통해 자신이 진정으로 원하는 방향을 다시 고민할 수 있다. 예술, 교육, 봉사와 같은 새로운 관심사를 발견하고 이를 통해 더 충만한 삶을 설계할 기회로 삼을 수도 있다.

결국 중년의 불안은 우리가 멈춰 서서 삶의 방향을 재정비하고 더 나은 길로 나아가기 위한 중요한 신호다. 이를 외면하기보다 삶을 새롭게 시작할 기회로 받아들이는 태도가 필요하다.

융은 인간의 여러 모습을 '페르소나(persona)'라는 개념으로 설명했다. 원래 연극에서 사용되던 가면을 의미하는 페르소나는 현대 사회에서 사회적 자아, 즉 다른 사람들 앞에서 보여 주는 모습으로 이해된다. 우리는 직장에서의 역할, 가정에서의 부모나 배우자 역할 등 다양한 페르소나를 필요에 따라 착용하며 살아간다.

페르소나는 사회적 인정과 보상을 얻는 데 꼭 필요하지만 오랜 시간 그것에 의존하다 보면 진정한 자아를 잃을 위험이 있다. 특히 중년기에는 이 페르소나와 진정한 자아 사이의 갈등이 깊어지면서 불안이 생기기도 한다.

예를 들어 A라는 사람이 20년간 한 회사에서 성실히 일하며 중간관리자의 위치에 올랐다고 하자. 그는 회사에서는 존경받는 존재지만 집에서는 가족들과 소통이 어렵고 자녀와의 대화에서도 어려움을 겪는다. 이는 직장에서 쓰던 페르소나를 집에서도 유지하려 하기 때문이다. 직장의 관리자라는 페르소나는 엄격하고 권위적인 태도를 요구할 수 있지만 가족 관계에서는 유연함과 이해가 훨씬 중요하다.

A가 이러한 차이를 깨닫고 직장과 가정에서 서로 다른 페르소나를 활용해야 한다는 점을 인식한다면 변화가 가능하다. 집에서는 더 부드럽고 열린 태도를 취할 때 가족과의 관계가 개선되고 보다 조화로운 삶을 살 수 있을 것이다. 이는 단순히 페르소나를 벗어 던지는 것이 아니라 상황에 맞게 조정함으로써 진정한 자아와 조화를 이루는 과정이다.

우리 사회는 특히 역할에 따라 동일한 페르소나를 강요하는 경향이 강하다. 여성의 경우 어린 시절부터 '여성스러움'을 미덕으로 강요받으며 착한 딸, 희생적인 어머니라는 이상적 역할을

◀ 앙리 루소, 〈카니발 저녁〉, 1885~1886. 루소는 이런 유(類)의 그림을 '풍경 초상화'라고 명명했다. 그림의 배경으로 숲이 그려져 있는데, 이는 루소가 만든 독창적인 유형 중 하나다. 전체 이미지가 마치 무대 배경처럼 펼쳐져 있고 이상한 복장을 한 연인이 크고 위협적인 숲 한가운데 위치해 있다. 이 그림은 전반적으로 낭만적인 요소를 담고 있지만 동시에 묘한 불안감을 자아내는 특징도 가지고 있다. 정적이고 고립된 분위기는 관객들에게 어떤 일이 일어날 것 같다는 막연한 불안을 갖게 만든다. 제목과 달리 등장인물의 자세와 무표정은 어떤 즐거움도 전달하지 않는다. 화면 전체가 검푸른 청색과 검은색으로 구성되어 달빛과 남자의 흰옷이 서늘한 아름다움을 자아낸다.

바람직한 삶의 기준으로 배운다. 이런 사회적 교육과 기대 속에서 자신에게 맞지 않는 가면을 쓰고 살아가게 된다.

문제는 오랜 시간 동안 그 가면이 나의 진정한 모습이라고 착각하며 살아가다가 나이가 들면서 그것이 내게 맞지 않는다는 사실을 깨닫게 되는 데서 시작된다. 자신을 옭아매던 이 가면이 정체성을 억압해 왔음을 인지할 때, 기존의 삶이 흔들리는 깊은 고민이 찾아온다. 헌신적인 어머니라는 역할을 충실히 해 온 한 여성이, 자녀가 독립한 후 '이제 나는 누구인가?'라는 공허한 질문과 마주할 수 있다.

중년기는 이러한 사회적 역할과 내면의 자아 사이의 균형을 맞추고 조화롭게 통합하는 중요한 시기다. 이 시기에는 사회적 기대와 요구 속에서 쌓아 온 가면 중에서 무엇을 유지할지, 무엇을 벗어 버릴지를 분명히 해야 한다.

카를 융은 이러한 과정을 통해 더 의미 있는 삶을 설계할 수 있다고 보았다. 지금은 내가 진정으로 중요하게 여기는 가치를 중심으로 삶의 방향을 다시 정비해야 할 시점이다. 사회적 역할에만 매달리기보다 내면의 목소리에 귀 기울이고 나에게 진정으로 필요한 것을 찾아야 한다.

3. 죽음의 순간을 기다리지 말라

불안에 대해 가장 깊이 탐구한 철학자 중 한 명은 마르틴 하이데거(Martin Heidegger)다. 그의 철학이 어렵다는 이유로 읽기를 망설였지만 우연히 접한 그의 사상에서 나는 의외로 큰 위안을 받았다. 그의 생각을 따라가다 보니 복잡했던 머릿속이 점차 선명해지는 느낌이 들었다.

하이데거는 인간을 '죽음을 향해 가는 존재'라고 정의하며, 불안을 인간 존재의 근본적인 특징으로 보았다. 그가 말하는 불안은 공포나 두려움과는 다르다. 그것은 왜 불안한지, 무엇이 불안한지조차 알 수 없는 막연하고 깊은 감정이다.

하이데거는 이 불안의 근본에는 죽음에 대한 두려움이 자리하고 있다고 설명한다. 그는 사람들이 이 알 수 없는 불안에서

도망치기 위해 주식이나 부동산 같은 재물을 축적하거나 종교에 의지하기도 하지만 이런 노력들이 근본적인 문제를 해결하지 못한다고 지적했다.

그는 이러한 불안에서 벗어나기 위해 가장 먼저 우리가 죽음을 향해 가는 존재라는 사실과, 모든 삶에는 끝이 있다는 것을 받아들여야 한다고 말했다. 죽음을 회피하려 하지 말고, 죽음을 인식하고 받아들이는 것이야말로 진정으로 자신의 삶을 바라보고 살아갈 힘을 준다는 것이다. 따라서 불안을 부정적인 감정으로만 볼 필요는 없다. 불안은 우리가 삶의 진정한 의미를 깨달아 가는 과정에서 필연적으로 마주치는 감정이다. 그리고 이를 통해 자신의 삶을 주체적으로 바라보고 개선하려는 계기를 마련한다.

하이데거는 인간이 자신의 삶이 유한하다는 것을 자각할 때 비로소 삶을 성찰할 수 있다고 했다. 우리는 불안을 느끼며, 삶을 어떻게 바라보고 어떤 가치를 부여할지를 스스로에게 물어보게 된다. 죽음에 대한 인식은 우리가 살아온 삶을 재평가하고 삶의 진정한 가치를 돌아보는 기회를 준다.

중년기에는 죽음에 대한 인식이 더욱 선명해지며 죽음이 '먼 미래의 일'이 아니라 점점 현실적이고 구체적인 문제로 다가온다. 한 중년의 남성이 있다. 그는 바쁘게 일하며 가족을 부양해 왔고, 자신의 삶에는 큰 문제가 없다고 생각했다. 그러던 어느 날 가까운 친구가 갑작스럽게 세상을 떠났다. 이 사건은 그에게 큰 충격을 주었고 처음으로 자신의 죽음을 구체적으로 생각하게 만들었다.

그는 자신도 언젠가는 끝을 맞이할 수밖에 없다는 사실을 깨닫고 삶의 의미에 대해 진지하게 고민하기 된다. '나는 왜 이렇게 바쁘게만 살았을까?' '정말 소중한 것을 놓치고 있던 건 아닐까?'라는 질문을 스스로에게 던진다. 그동안 일에만 몰두하느라 놓쳤던 가족과의 시간을 돌아보고, 앞으로의 삶에서 무엇을 중요하게 여길지 다시 고민하게 된다. 이처럼 불안과 죽음에 대한 인식은 우리에게 살아온 길을 돌아보고 앞으로 어떤 가치를 우선하며 살아가야 할지를 생각하게 만드는 것이다.

러시아의 대문호 톨스토이는 소설 《이반 일리치의 죽음》을 통해 죽음과 삶의 의미를 깊이 성찰하며, 우리에게 중요한 질문을 던진다.

주인공 이반 일리치는 명망 있는 판사로, 겉보기에는 성공적이고 안정된 삶을 살아왔다. 그는 동료들과 좋은 관계를 유지했고 사회적으로도 존경받는 위치에 있었다. 그러나 죽음이 가까

워지자 그의 주변 사람들은 다른 생각에 몰두한다. 동료들은 이반의 사망으로 생기는 공석을 누가 채울지, 그것이 자신의 승진이나 봉급에 어떤 영향을 미칠지 계산한다. 그의 아내조차도 남편의 죽음이 가져올 국가지원금에 가장 큰 관심을 보인다.

톨스토이는 이반 일리치의 삶을 통해 인간관계의 표면적인 허상과 우리가 진정 추구해야 할 삶의 가치를 묘사한다. 죽음을 앞둔 이반은 평생 쌓아 온 공직과 명예가 결국 무의미했음을 깨닫는다. 그는 자신의 삶이 오직 외부의 기대와 사회적 기준에 맞춰져 있었음을 후회한다.

"어쩌면 나는 내가 살았어야 하는 방식으로 살아오지 않았을지도 몰라."

죽음을 앞둔 이반 일리치의 이 독백은 삶의 본질에 대한 강렬한 질문을 던지며, 우리가 어떻게 살아야 할지 미리 성찰하게 만든다.

톨스토이는 이반의 후회를 통해 묻는다. 삶의 끝에서야 깨닫게 되는 진정한 의미를 왜 더 일찍 인식하지 못했는가? 만약 이반이 자신만의 가치를 먼저 찾고 외부가 아닌 내면의 목소리를 따라 살았다면 그의 삶은 더 풍요롭고 진실했을 것이다.

이 작품은 죽음의 문제를 넘어 삶을 어떻게 살아가야 할지에 대한 깊은 통찰을 제시한다. 삶의 의미는 외부에서 주어지는 것이 아니라 우리가 스스로 발견하고 만들어 가는 것임을 톨스토이는 강력히 말하고 있다.

톨스토이의 《이반 일리치의 죽음》은 하이데거의 철학적 관점과도 깊이 연결될 수 있다. 하이데거는 《존재와 시간》에서 인간이 죽음을 직면할 때 비로소 '진정한 존재(Authentic Being)'를 깨닫는다고 했다. 죽음을 인식하면 더 이상 외부의 기대나 타인의 시선에 얽매이지 않고 자신의 본질에 가까운 모습, 즉 '본래적 존재'를 발견하게 된다는 것이다.

죽음의 문턱에 선 이반 일리치는 결국 자신이 쌓아 온 사회적 성공과 명예가 무의미한 허상임을 깨달았다. 그의 삶은 외부의 기대에 맞추어 조작된 것이었을 뿐 자신이 진정으로 원하는 삶은 아니었다. 이반의 깨달음은 하이데거가 말한 본래적 존재에 도달하는 과정과 닮았다.

이반의 이야기는 현실에서도 흔히 볼 수 있다. 중년의 A 씨가 있다. 그는 바쁜 일상 속에서 자신의 건강을 돌보지 않고 일에만 몰두해 왔다. 그런데 어느 날 건강 검진에서 심각한 질병 진단을 받고는 삶의 방식에 대해 처음으로 진지하게 고민하기 시작했다. 그제야 비로소 자신에게 중요한 것이 무엇인지 깨닫고 건강

88   앙리 루소가 쏘아올린 공

을 돌보며 하루하루를 소중히 살기 시작한다. 인간은 죽음의 선고를 받기 전까지는 삶의 의미를 깊이 생각하지 않는다. 그러나 최악의 상태에 도달해서 최선을 다해 삶을 살기 시작한다.

톨스토이와 하이데거가 전하려는 메시지는 명료하다. 죽음의 순간을 기다리지 말고, 우리가 살아 있는 동안 진정한 삶의 의미를 찾으라는 것이다. 지금 우리가 살고 있는 이 순간이야말로 삶의 본질과 가치를 되새길 가장 적합한 시간이다.

◀ 앙리 루소, 〈노트르담 풍경〉, 1909. 넓은 하늘 아래, 중경의 검은 숲은 흰 벽의 건물들과 대조를 이루고 넓게 펼쳐진 다리는 화면에 안정감을 준다. 멀리 성당을 바라보는 키 작은 신사, 루소의 뒷모습은 차분하고 사색적인 분위기를 자아낸다. 도시의 경치에 서서 무언가 깊이 사색하거나 과거를 회상하는 듯한 모습으로 보인다. 과거를 회상하며 지나간 세월을 아쉬워하는 것일까, 아니면 새로운 시작을 꿈꾸고 있는 것일까?

4. 내면의 요새로 나를 지켜라

페터 비에리는 저서 《삶의 격》에서 인간의 삶에서 가장 중요한 과제는 자신의 존엄성을 지키는 것이라고 말했다. 존엄성은 일상에서 쉽게 위협받을 수 있으며, 인간의 품격과 삶의 깊이와 깊게 연결되어 있다고 강조했다.

비에리는 존엄한 삶의 첫 번째 조건으로 독립성을 제시했다. 이는 자신의 삶에 대한 결정을 스스로 내리고, 타인의 간섭 없이 선택을 주도하는 것을 의미한다. 독립성은 외부 압력이나 타인의 의견에 흔들리지 않고 자신의 삶을 자율적으로 이끌어 가는 태도다.

또한 존엄성은 타인에게 굴욕을 당하지 않을 권리와 관련이 있다. 비에리는 이 권리가 침해당할 때 가해자에게 애원하거나

간청하는 방식으로 해결해서는 안 되며, 굴욕을 참거나 받아들이는 것 역시 존엄성을 지키는 길이 아니라고 했다. 우리는 삶과 권리를 지키기 위해 적극적으로 대응해야 한다.

비에리는 존엄성을 지키는 방법으로 '내면의 요새'를 만들 것을 제안한다. 내면의 요새는 타인의 비판이나 외부의 간섭으로부터 나를 보호할 수 있는, 오직 나만이 접근할 수 있는 심리적 공간이다. '그 누구도 나의 존엄을 빼앗을 수 없다'는 믿음을 바탕으로, 이 내면의 요새는 삶의 평화를 지키는 심리적 기반이 된다.

직장에서 상사가 사소한 일로 끊임없이 나에게 비판을 쏟아내고 있다고 하자. 비난을 들을 때마다 매번 나는 스스로 부족한 사람처럼 느끼며 자존감이 떨어지는 경험을 한다. 상사의 비판을 받을 때, 그 모든 것을 무작정 받아들이지 않는 방법 중 하나가 내면의 요새를 사용하는 것이다. 내면의 요새는 우리가 자신의 가치와 신념을 확고히 하고, 상사의 비판과 같은 외부 요인에 의해 정신적으로 흔들리지 않도록 도와주는 방어 메커니즘이다.

이 공간을 활용하면 상사의 말 중에서 자신에게 도움이 되는 부분은 수용하고 부정적이거나 해가 되는 부분은 거부할 수 있다. 이처럼 내면의 요새는 자신을 보호하며 자신의 존엄성과 정신적 안정을 유지하게 해 준다. 상사의 비판 같은 외부 요인에 의해 내가 흔들리지 않도록 내적인 강도를 키우고 자신의 가치와 신념을 확고히 함으로써 정신적으로 건강하게 대응할 수 있는 것이다.

수많은 조롱에 대응한 앙리 루소의 방식이 바로 이러한 내면의 요새였다. 그는 자신을 모욕하고 조롱하는 사람들의 소리에 흔들리지 않았다. 루소는 타인의 의미 없는 비판으로부터 자신의 삶과 예술을 견고하게 지켰다.

그의 초기 작품에 대해 가혹한 비판을 실은 언론기사를 보고 시인 아폴리네르는 루소를 걱정하는 글을 남겼다.

"나는 루소와 자주 어울렸다. 우리는 서로 친구였고 루소가 그린 그림은 아주 좋았다.…… 모르긴 몰라도 언론에서 떠들어대는 악평을 듣고 몹시 괴로워했을 것이다."

하지만 소란한 비난에 대해서 루소는 괴로움을 내비치지 않았다. 오히려 자신의 그림이 신문에 언급되었다고 기뻐하는 모습을 보였다. 이런 반응은 바보스러워 보이기까지 한다.

하지만 루소가 세간의 비판에 반응하고 신경을 썼다면 상처만 받고 얻을 게 없었다. 차라리 단호하게 무시하거나 신경을 끄는 게 낫다는 것을 그는 이미 알고 있었을 것이다. 루소는 신문에 자신의 그림이 언급된 것은 화가로서 한 걸음 내딛은 자랑스러운 일이라고 말했다. 만약 루소가 비판에 예민하게 반응했다면 그는 예술가로서의 존엄을 지킬 수 없었을 것이다. 차라리 담대하게 무시하고 자신의 길을 계속 가는 것이 더 나은 선택임을 그는 알고 있었다.

내면의 요새는 단순히 외부의 비판을 차단하는 장벽이 아니다. 그것은 우리의 자아를 보호하고 스스로의 가치를 지키며, 우리에게 내적 평온을 제공하는 안전한 피난처다. 삶에서 마주하는 고난은 피할 수 없을지라도 그것을 어떻게 대처하고 극복하느냐는 우리의 선택이다. 우리는 내면의 요새를 강화함으로써 어떠한 상황에서도 존엄과 자율성을 유지할 수 있다. 그 누구도 우리의 존엄을 빼앗을 수 없으며, 우리는 타인의 시선이나 평가에 흔들리지 않는 삶을 살아가야 한다.

루소가 자신의 예술적 가치를 지킬 수 있었던 이유는 그가 강력한 내면의 요새를 갖추었기 때문이다. 루소처럼 우리도 내면의 요새를 만들어야 한다. 우리가 바꿀 수 없는 고난을 만났을 때 루소처럼 그 상황을 담대하게 무시하는 태도가 필요하다. 길을 걷다가 웅덩이에 빠져 발이 젖었을 때, 검춰서 웅덩이를 탓할 필요는 없다. 빨리 발을 빼내고 가던 길을 가는 것이 현명하다. 때로 우리에게 필요한 것은 역발상과 긍정 회로 돌리기다. 우리가 삶에서 불안과 고난을 맞닥뜨릴 때 어떻게 행동해야 하는지 루소의 대처에서 배울 수 있다. 내면의 요새는 불안이나 외부의 평가를 넘어설 수 있는 힘을 제공하며 진정한 자아를 지키게 해준다. 이는 외부 상황에 휘둘리지 않고 자신의 길을 걷는 데 중요한 역할을 한다.

▲ 앙리 루소, 〈오렌지 숲의 원숭이〉, 1910. 루소의 열대 밀림은 무성한 나무와 풀로 가득해 평화롭고 고요한 안식처 같은 느낌을 준다. 이 그림은 주황색 오렌지가 가지마다 주렁주렁 열려 있어 동화 속 같은 즐거움이 가득한 작품이다. 원숭이들은 사이좋게 숲에서 오렌지를 따먹으며 편안하게 지내고 있다. 이 숲은 루소가 꿈꾼 환상의 세계이자 그의 내면에 존재하는 보호구역을 보여 주는 듯하다.

2장 – 불안은 새로운 기회다   95

5. 차라리 외로움을 택하라

수년 전 깊은 우울감에 빠졌을 때, 나는 철학자 아르투어 쇼펜하우어(Arthur Schopenhauer)의 책을 읽었다. 아마 염세주의 철학자로 알고 있었기에 울적한 날 슬픈 음악을 고르듯 끌렸던 것 같다. 당시 나는 대인 기피증인지 사람을 만나기 싫었고 불 꺼진 방 침대에 웅크린 채 살고 싶었다. 사실 살고 싶지 않았다.

가족들과의 시간도 되도록 피했다. 그래서 일찍 일어났다. 이른 새벽 세상이 잠들어 있는 고요한 시간에는 마음이 편안하고 견딜 만했다. 새벽 3~4시경 일어나면 쇼펜하우어의《의지와 표상으로서의 세계》에 빠져들었다. 책을 읽으며 쇼펜하우어는 염세주의자가 아니고 지극히 자존감이 강한 사람이었음을 알게 되었다.

쇼펜하우어는 타인의 시선에 대해 어떻게 해야 할지 언급했다. 그는 타인의 평가에 따라 자신의 가치를 정하는 것이 위험하다고 경고하며, 대개 사람들은 자기만의 좁은 시야로 세상을 판단하는 경향이 있다고 지적했다. 따라서 편협한 타인의 평가에 흔들리기보다는 오히려 홀로 고립되는 외로움을 선택하는 것이 낫다.

쇼펜하우어는 "대부분의 사람들은 타인과의 교제 없이는 견딜 수 없지만 그러한 교제는 언제나 불쾌한 감정을 동반한다. 우리는 타인을 필요로 하지만 동시에 그들로부터 고통을 받는다."라고 했다. 우리가 타인과의 관계에서 느끼는 피로와 무게가 실제로는 타인에게 가진 기대에서 비롯된 것이다. 타인으로부터 자유로워지는 방법을 제시하는 쇼펜하우어의 글은 나에게 직접적인 위로가 되었다. 나는 타인과의 관계에 지쳐 있었고 그 무거움이 사실은 스스로 만든 족쇄였음을 깨달았다.

최근 쇼펜하우어 관련 서적이 많이 보인다. 실제 쇼펜하우어를 검색해 보면 인생 수업, 아포리즘, 조언, 읽기, 말, 필사 등의 단어를 붙인 책이 수십 권에 이른다. 가히 쇼펜하우어 전성시대다.

특히 중년을 위한 책들은 베스트셀러 목록에 있다. 그만큼 혼란하고 우울한 사람들이 많고 쇼펜하우어의 글을 통해 고통의 늪에서 벗어나는 길을 찾으려는 사람이 많다는 반증일 것이다.

쇼펜하우어의 글은 명쾌하다. 따듯한 위로가 아니라 냉정할 만큼 단단하고 현실적인 답을 준다. 힘겨운 중년의 시기를 보내는 사람이 있다면 그의 책을 읽어 보길 권하고 싶다. 무수히 많은 해설서도 좋지만 《의지와 표상으로서의 세계》를 직접 읽어보는 것도 좋겠다. 두껍고 어려운 책이라 망설여질 수도 있지만 이해가 어려운 부분은 그냥 지나치고 마음에 들어오는 부분만 읽더라도 괜찮다. 다른 사람이 설명해 주는 말이 아니라, 내게 꼭 필요한 해답을 쇼펜하우어의 글에서 만날 것이다. 그것이 내 안에 이미 있는 답을 만나는 방법이라고 생각한다.

쇼펜하우어는 "물고기는 물속에서만, 새는 공중에서만, 두더지는 땅속에서 행복한 것처럼 자기 본성에 거역하여 수고롭게 획득한 것은 아무런 즐거움을 주지 못한다."고 말했다. 다른 사람의 경우나 상황을 부러워하는 것은 내게 맞지 않기 때문에 불필요한 일이라는 것이다. 나는 문장에 줄을 치며 마음속에서 무거운 열매 하나가 툭 떨어지는 것을 느꼈다.

타인과의 관계에서 무거움을 느낀다면 외로움을 선택하는 것이 낫다. 홀로 되는 시간은 자신의 내면을 더 깊이 탐구하는 기

▲ 앙리 루소, 〈돌산〉, 1896~1897. 자유롭게 흘러가는 구름과 밝은 하
늘 아래 홀로 걷는 루소의 모습이 보는 이를 깊은 사색으로 이끈다.
그는 조용히 주변을 관찰하며 그림 속에 자신만의 세상을 완성했
다. 그는 타인의 평가나 평판에 휘둘리지 않고 단단하게 살기 위해
스스로를 다독이며 굳건히 세우려 노력했을 것이다. 루소에게 세
상은 평가의 대상이 아니라 자신의 예술적 세계를 만들기 위한 상
상의 원천이었다.

2장 _ 불안은 새로운 기회다   99

회를 준다. 쇼펜하우어는 "우리가 타인의 시선으로부터 자유로워질 때 비로소 우리는 진정한 자아와 마주할 수 있다."고 말하며, 외로움의 긍정적 측면을 계속 강조한다.

앙리 루소 역시 타인의 평가에 흔들리지 않고 스스로 선택한 고독의 길을 묵묵히 걸어간 예술가였다. 그는 비판에 반응하지 않으면서도 타인에게는 온화하게 대했다. 처음에는 그의 어리숙한 모습이 비웃음을 샀지만 시간이 흐르며 그의 진솔한 태도와 순수한 열정이 사람들의 마음을 열게 했다. 결국 그의 인간적인 면모와 독창적인 예술성은 점점 더 많은 이들에게 인정받았다. 이러한 태도는 중년기의 혼란 속에서도 자아를 잃지 않고 자신만의 삶을 설계하는 데 중요한 교훈을 준다.

루소가 세관원의 일을 내려놓고 화가의 길에 들어선 것은 이미 인생의 황혼기에 접어든 시점이었다. 많은 이들이 그의 도전에 대해 무모하다고 말하고 실패할 것이라고 여겼다. 그러나 루소는 흔들리지 않고 자신의 길을 걸어갔다. 실패는 누구나 겪지만 그것을 대하는 태도와 극복 과정이 삶의 방향을 결정짓는다.

쇼펜하우어는 고통과 실패를 삶의 불가피한 부분으로 보았다. 루소 또한 외부의 비난과 실패의 두려움에 주저하지 않고 불안을 용기로 변화시키며 자신의 내면을 따랐다. 진정으로 원하는 목표를 발견하고 한 걸음씩 나아갈 때 행복은 외부의 평가가 아닌 내면 깊은 곳에서 자연스럽게 솟아오른다.

마치 메마른 연못의 깊은 곳에서부터 물이 차오르듯 우리는 마음속 가장 깊은 곳에 우리가 원하는 모습을 그리고 채워야 한다. 그 모습을 향해 꾸준히 나아갈 때 상상 속의 그림은 현실이 되어 우리를 더 단단하고 충만한 삶으로 이끌 것이다.

루소는 고독 속에서 자신의 예술적 비전을 구측하며 기존의 관습에 타협하지 않고 독창성을 고수했다. 그는 타인의 시선에 흔들리지 않고 묵묵히 자신만의 길을 걸었다. 쇼펜하우어가 강조했듯, 실패와 고독을 두려워하지 않고 내면의 소리를 따라가는 것은 진정한 자아를 발견하는 과정이다. 루소의 우직한 태도와 용기는 우리에게 중요한 메시지를 남긴다. 두려움에 맞서 흔들리지 않고 자신의 길을 걸어가는 것이야말로 진정한 성취로 이어진다.

▲ 앙리 루소, 〈주니에 아저씨 마차〉, 1908. 모자를 쓴 루소 자신과 야
채상 주니에 씨의 일가를 그렸다. 그림 속 장면은 시골길을 배경으
로 마차를 몰고 가는 인물들이 소박한 분위기를 띠지만 그림 전반
에 흐르는 초현실적인 느낌은 루소의 다른 작품들처럼 현실과 꿈
의 경계를 흐리게 만든다. 사람들의 얼굴 크기와 위치, 마차 밑의
검은 개와 마차 앞에 있는 조그만 개 등의 표현이 묘하게 느껴진다.
초현실적이고 파격적인 이런 루소의 그림 구성은 기존 틀을 깨려
는 현대 화가들의 찬사를 이끌었다.

6. 반환점은 없다, 새로운 전성기일 뿐

　2025년 현재 우리나라의 법적 정년은 만 60세다. 2024년 보험개발원 발표 경험생명표에 따르면 국민 평균 수명이 남성 86.3세, 여성 90.7세로 나타났다. 이는 5년 전에 비해 각 2.8세, 2.2세 늘어난 수치로 지속적으로 증가가 예상된다. 평균 수명 100세 시대도 멀지 않아 보이는데 그때가 되면 은퇴 후에도 40여 년가량을 더 살아가게 된다. 평균 수명과 함께 건강 수명은 늘어날 것이고 두 번째 삶을 계획해도 충분한 시간이다.

　인생의 레이스에서 어느 시기를 반환점이라고 생각해야 할까? 일반적으로 40대 후반을 생각하게 된다. 하지만 이 기준은 너무 빠른 것일지도 모른다.

　세계적인 베스트셀러 《100세 인생》은 FT 비즈니스 올해의 책

최종 후보에 올랐고, 15개 언어로 번역되었다. 이 책에서 저자 린다 그래튼과 앤드루 스콧은 우리에게 익숙한 '교육-일-퇴직'으로 이어지는 전통적인 3단계의 삶이 현대 사회에 더 이상 적합하지 않다고 지적한다. 그 대신 다단계로 변화하는 삶의 방식이 점점 현실화되고 있음을 강조한다.

다단계 삶에서는 특정 시기에만 학습하거나 경력을 시작해야 한다는 고정관념이 사라진다. 40대에 대학에 입학하거나 60대에 새로운 직업을 시작하는 일이 자연스러워질 것이다. 새로운 일이나 공부를 시작하기에 적절한 나이라는 개념 자체가 점차 무의미해지고 있다. 린다 그래튼은 이러한 변화가 개인의 삶에 긍정적인 영향을 미칠 수 있음을 강조한다.

단선적인 삶은 정체성의 위기를 초래하기 쉬운 반면 다단계 삶은 다양한 경험을 통해 끊임없이 자기 자신을 재발견할 기회를 제공한다. 다단계 삶이 자리 잡으면 끊임없는 학습과 성장이 일상화되며 나이에 구애받지 않는 유연한 삶의 문화가 확산될 것이다.

1920년생으로 2025년 현재 106세가 된 철학자 김형석 교수는 "인생의 황금기는 60세부터 시작된다."고 말한다. 그의 경험에 따르면 지적 전성기는 60세부터 75세 사이에 찾아왔고, 그 시기성과들이 가장 만족스러웠다고 한다. 나이가 들수록 지식과 경험이 쌓여 사고가 깊어지고 원하는 삶의 모습에 한층 더 다가갈 수 있다고 강조한다.

그는 누구나 90세까지 젊은 시절처럼 일하며 의미 있는 삶을 살 수 있다고 말한다. 내가 강연에서 이 이야기를 처음 들은 것이 그의 나이 95세 무렵이었는데, 2024년에도 신간 《100세 철학자의 사랑수업》을 낸 것을 보니 여전히 지적 전성기를 이어 가고 있는 듯하다.

처음에는 그가 아주 예외적인 사례라고 생각했다. 하지만 관심을 갖고 60대 이후에도 활발히 새로운 도전에 나서는 사람들의 사례를 찾아보면서, 이것이 특별한 소수에게만 해당되는 이야기가 아님을 깨달았다.

모네, 괴테, 세잔, 다윈 등 황혼기에 가장 창조적인 업적을 남긴 많은 거장들의 사례도 찾을 수 있었다. 그들은 나이가 들면서 예술적·학문적 성취를 더 깊게 이뤄 냈다. 오랜 시간 축적된 지식과 경험은 깊이 숙성된 내면의 통찰을 꽃피우게 하는 힘이 된다.

'미국인이 가장 사랑하는 국민 화가'로 불리는 모지스 할머니 (Grandma Moses, 1860~1961)가 있다. 본명은 애너 메리 로버트

슨(Anna Mary Robertson)이지만 모두가 그녀를 모지스 할머니라 부른다. 모지스 할머니는 75세에 수놓기를 그만두고 붓을 들어 그림을 그리기 시작했다.

평생 자녀들을 키우고 농사일과 집안일을 하던 할머니는 자신의 주변 풍경과 일상을 그림에 담아냈다. 80세에는 첫 개인전을 열었고 이후 꾸준히 작품 활동을 이어 갔다.

88세에 모지스는 그 시대 여성들의 다양한 이야기를 담은 잡지 《마드모아젤》에서 '올해의 젊은 여성'으로 선정됐다. 시대 변화와 여성들의 독립을 기리는 이 상은 젊음을 나이로 규정하지 않기에 의미가 더욱 깊다.

모지스는 93세에 《타임》지의 표지 모델이 되었다. 그녀는 사망한 101세까지 약 1,600여 점의 아름다운 그림을 남겼다.

모지스 할머니의 작품에는 그녀가 평생 살아온 시골 마을의 풍경과 일상이 담겨 있다. 그녀는 소박한 시골의 사계절과 농장 풍경, 그리고 사람들의 생생한 삶을 꾸밈없이 화폭에 담았다. 할머니의 소박하고도 따뜻한 그림은 사람들에게 위안을 주었고 그림을 보는 이들은 평범한 삶 속에 깃든 작은 기쁨과 행복에 잠겼다.

그녀는 자신의 삶과 그림 이야기를 담은 책 《인생에서 너무

▲ 모지스 할머니, 〈눈 온다, 와 눈이 온다〉, 1951. 모지스 할머니의 그
림은 미국의 농촌 생활을 감성적이고 따뜻하게 표현한 것으로 유
명하다. 그녀의 그림은 단순하면서도 세심한 터치로 감상자에게
어린 시절의 추억과 자연의 아름다움을 느끼게 한다. 민속적인 화
풍으로 계절의 변화와 일상의 소박한 기쁨을 캔버스에 담아내며
편안함과 향수를 불러일으킨다.

늦은 때란 없습니다》에서 이렇게 말했다.

"좋아하는 일을 천천히 하세요. 때로 삶이 재촉하더라도 서두르지 마세요."

모지스 할머니의 그림은 지친 현대인의 마음에 평온함을 주었고 자신만의 속도로 삶을 만들 수 있다는 것을 보여 주었다. 그녀의 삶과 작품은 "인생에서 너무 늦은 때란 없다."는 말의 참뜻을 느끼게 한다.

화가 모지스는 나이와 상관없이 자신을 발견하고 꿈을 좇을 수 있다고 말한다. 그녀의 이야기는 인생의 어느 시점에서든 새로운 길을 열 수 있다는 희망을 일깨운다.

인상파의 거장 클로드 모네(Oscar Claude Monet, 1840~1926)는 나이가 예술의 한계가 아닌 새로운 힘이 될 수 있음을 보여 준다. 모네는 변화무쌍한 자연의 색채를 깊이 탐구한 화가였다. 그는 노년에 접어들어 생애 최고의 작품인 〈수련〉 연작을 완성했고, 이를 통해 인상파의 경계를 넓혔다.

그는 76세에 대표작이자 생애 마지막까지 이어진 〈수련〉 시리즈를 시작했다. 수련은 모네의 집이 있던 파리 근교 작은 마을 '지베르니(Giverny)'의 연못에서 물과 빛의 변화를 포착한 작업이었다. 당시 70대의 모네는 백내장으로 인해 시각적 제한을 겪

▲ 클로드 모네, 〈수련〉, 1916~1919. 인상주의의 정수를 보여 주는 작
품들로, 빛과 색의 끊임없는 변화를 담아낸다. 이 연작은 물 위에
떠 있는 수련과 주변의 반영을 그리며, 고요한 연못에 일렁이는 찰
나의 시간을 포착한다. 보는 이에게 자연의 조화로운 아름다움을
느끼게 하는 작품이다. 모네는 현실의 형태보다 빛이 만들어 내는
시각적 인상을 중시하며, 그림에서 시적이고 명상적인 분위기를
창조해 냈다.

2장 _ 불안은 새로운 기회다   109

고 있었다. 그러나 시력이 흐릿해진 화가의 작업은 독특한 몽환적 분위기를 만들어 내며 작품의 깊이를 더했다.

예술가는 단지 눈으로만 세상을 보며 그리지 않는다. 마음 깊이 들여다보고 그 심상을 화폭에 담는다. 이는 〈수련〉 연작이 추상미술의 출발점으로 평가받는 이유 중 하나다. 모네는 육체적 한계를 넘어 마음의 눈으로 자연을 그려 냈다. 그의 그림은 감상자들에게 눈으로 보는 것을 넘어 마음으로 경험하는 새로운 시각적 세계를 열어 준다.

〈수련〉을 가까이에서 들여다보면 세부적인 묘사를 생략한 채 거친 붓질로 빛과 물의 흐름을 표현하고 있음을 알 수 있다. 매끄러운 마무리를 의도적으로 배제한 그의 붓질은 형태를 해체하며, 감상자를 닫힌 감각에서 해방시켜 자유롭게 상상할 수 있도록 한다.

파리의 오랑주리 미술관에서는 총길이 24미터에 달하는 모네의 〈수련〉 연작을 전시하고 있다. 이곳에서 관람객들은 모네의 시선을 통해 자연을 마주하고, 그의 세계 속에 깊이 잠겨 드는 경험을 한다. 나이가 들며 겪는 신체적, 인지적 변화는 모네에게 한계가 아니라 오히려 새로운 창조력의 원천이 되었음을 그의 작품 속에서 생생히 느낄 수 있다.

오랑주리 미술관에 전시 중인 모네의 〈수련〉 연작

작가 괴테는 나이가 들수록 더욱 깊이 있는 작품을 남기며 문학적 열정을 이어 갔다. 그는 80세가 넘어서야 〈파우스트〉를 완성해 독일 문학사에 길이 남을 걸작을 탄생시켰다. 〈파우스트〉는 그의 생애 말년에 완성된 거대한 철학적 드라마로, 인간의 갈등과 구원을 탐구하며 괴테 문학의 정점을 이루었다.

73세의 괴테가 마음속 연인에게 쓴 시 〈마리엔바트의 비가〉를 읽어 보면 노년에도 사랑의 열정과 감정이 결코 퇴색하지 않았음을 느낄 수 있다. "그녀의 시선 앞에서, 그녀의 숨결 앞에서는 얼음처럼 굳어 있던 것이 녹아 버린다."라는 구절은 첫사랑의 떨림과 순수함을 다시금 떠올리게 한다.

2장 – 불안은 새로운 기회다　111

이처럼 인생 후반부에 찾아오는 새로운 전성기는 나이를 초월한 꿈과 열정을 증명한다. 많은 이들이 60세 이후를 은퇴와 안식의 시기로 생각하지만, 어쩌면 그 시기는 축적된 경험과 지혜로 더 깊이 탐구하고 창조할 수 있는 황금기일지도 모른다.

모네나 괴테처럼, 나이는 한계가 아니라 성숙의 시기이자 새로운 도약의 발판이 될 수 있다. 그들은 90세에도 여전히 꿈꾸고 배우며 삶을 사랑할 수 있음을 우리에게 보여 준다.

7. A 세대가 온다

　새로운 중장년 세대는 더 이상 나이가 삶의 속도를 제한하지 않는다. 최근 'A 세대'라는 용어가 부상하고 있는데, 이는 나이를 초월한 라이프스타일을 가진 중장년층을 지칭한다. 알파벳 A는 늙지 않음(Ageless)을 넘어 성취(Accomplished)와 생동감(Alive)을 목표로 살아가는 세대를 의미한다. A 세대는 자신만의 인생 2막을 활발히 설계하며 새로운 도전과 성취를 추구한다.

　과거의 중장년층은 은퇴 이후 여유로운 휴식을 선호하는 세대로 여겨졌다. 그러나 오늘날 A 세대는 그 어느 때보다도 다채롭고 활기찬 변화를 꿈꾼다. 나이와 상관없이 자기 주도적인 삶을 지향하며 고유한 가치를 재정립하려는 노력을 이어 간다. 이들은 과거의 실버 세대처럼 수동적인 존재가 아니라 경제적·시

간적 여유를 바탕으로 자신의 삶을 능동적으로 개설계하는 세
대다.

오늘날 중년기는 이전 세대와 달리 더 긴 시간을 품고 있다.
평균 수명의 연장으로 물리적인 시간뿐 아니라 건강하게 살 수
있는 시간도 함께 연장되었다. 최신 기술의 발전은 웨어러블 디
바이스(wearable device)와 같은 혁신적인 건강 관리 방법을 제공
하며, 중년 이후의 삶을 더욱 활기차고 적극적으로 살아갈 수 있
도록 돕는다.

미디어 이론가 마셜 매클루언(Marshall McLuhan)은 이미
1960년대 초반부터 인간의 신체와 감각이 기술과 매체를 통해
확장될 것이라고 전망했다. 그는 '바퀴는 발의 확장'이라고 말하
며, 바퀴가 단순한 도구가 아니라 인간의 다리 역할을 하며 더

◀ 카스파 다비드 프리드리히(Caspar David Friedrich), 〈안개 바다 위
　의 방랑자〉, 1324. 이 그림은 거친 자연을 바라보는 이의 고독감과
　자연 속에서의 인간 존재와 내적 성찰을 강렬하게 드러내는 작품
　이다. 고난과 혼돈으로 가득한 삶의 여정을 헤치고 나갈 강한 의지
　와 결의를 느끼게 된다.

2장 _ 불안은 새로운 기회다　　115

빠르고 먼 거리를 이동할 수 있게 한다고 설명했다. 점점 빨라지는 교통수단은 우리가 이동할 수 있는 물리적 한계를 지속적으로 줄여 왔다.

안경이나 망원경도 인간의 시각을 확장하는 대표적인 예다. 안경은 시력을 회복시켜 주고, 망원경은 인간의 눈이 닿지 않는 먼 곳을 볼 수 있게 해 준다. 매클루언은 앞으로 더 많은 기술과 매체가 등장해 인간의 신체적 한계를 뛰어넘고 사회와 문화를 근본적으로 변화시킬 것이라고 예언했다.

스마트폰은 그의 이론을 가장 실감 나게 보여 주는 사례다. 시각, 청각, 촉각을 한 손에 담은 스마트폰은 매클루언이 말한 '감각의 확장'을 구체화하며 우리의 인식과 생활 방식을 혁신적으로 바꾸었다. 최근 등장하는 웨어러블 디바이스와 첨단 의료 장비들은 편리함을 넘어, 우리의 삶을 새로운 방식으로 재구성하며 기술의 확장 가능성을 더욱 넓히고 있다.

중년기는 이제 단순히 나이를 먹는 시간이 아니다. 새로운 가능성을 향해 도전을 시작하는 시기다. 이 시기는 자아 성찰을 통해 자신이 가진 긍정적 자원을 재발견하고, 이를 바탕으로 인생 후반기를 더욱 의미 있게 설계할 수 있는 기회다.

A 세대의 부상과 함께 새로운 배움과 성장의 기회를 제공하

▲ 앙리 루소, 〈세브르 다리의 풍경〉, 1908. 르소는 도시 풍경에서 문명의 발전과 최신 기계를 묘사하기를 즐겼다. 이 풍경화에는 비행선과 기구, 비행기까지 날 수 있는 기구가 모두 다 그려졌다. 이것은 당시 다른 화가들이 풍경화에서 즐겨 그리는 소저가 아니었다. 루소의 낙관적인 성격은 변화와 발전의 모습에 긍정적이었다.

는 커뮤니티와 플랫폼이 속속 등장하고 있다. 서울시를 비롯한 각 지역에서는 인생 전환을 준비하는 50플러스 세대(40~64세)를 위해 '50플러스포털' 프로그램을 운영 중이다.

또한 '베테랑 소사이어티'는 제2의 인생을 시작하려는 이들을 위해 교육, 멘토링, 액티비티를 제공하며 배움의 공간을 확장하고 있다. 이외에도 A 세대를 위한 소셜 기업 '에이풀', 문화 여가 큐레이션 플랫폼 '오뉴', 자기계발과 교육 서비스를 제공하는 '큐리어스' 등 다양한 플랫폼이 주목받고 있다. 이제 누구나 손쉽게 새로운 분야를 탐구하거나 재교육을 받을 수 있는 시대가 열렸다.

베테랑 소사이어티를 운영하는 이두희 대표는 은퇴자들의 변화에 대해 "이제는 라이프스타일이 다채롭게 분화되는 추세"라고 말한다. 오늘날의 중장년층은 과거의 틀을 벗어나 나이에 구애받지 않고 새로운 도전을 시작하고 있다. 더 이상 중년기, 노년기, 은퇴자 그룹으로 묶어 공통된 특징을 설명하기 어렵다. 각 개인의 모습과 선택이 점점 더 다양해지고 있기 때문이다.

중년기는 인생에서 중요한 전환점이다. 카를 융은 중년기를 삶의 변화와 발달 과정에서 핵심적인 시기로 보았다. 그는 중년기를 35세 이후부터 40대 후반까지로 정의했지만 평균 수명의 연장과 사회적 변화에 따라 현재는 40대 중반에서 60대 정도를 중년기로 간주한다.

삶의 중심축이 외적인 성취에서 내적인 성찰로 이동하면서, 이전에는 의미 있었던 가치들이 무의미하게 느껴지는 현상이 발생한다. 이는 중년기를 새로운 탐구와 성장의 시기로 변화시킬 수 있는 중요한 계기가 된다.

중년기에 접어들면 사람들은 자연스럽게 인생을 돌아보고 새로운 방향을 도색하려는 충동을 느낀다. 이와 함께 삶의 유한함을 자각하며, 죽음이나 노화에 대한 인식이 선명해진다. 이러한 자각은 남은 시간 동안 더 의미 있는 삶을 살고자 하는 강한 열망으로 이어지며, 기존의 틀을 벗어나 새로운 도전과 경험을 시도하도록 자극한다.

중요한 것은, 중년기가 불안과 공허함의 시기가 아니라 인생의 새로운 가능성을 탐색하고 발견할 기회라는 점이다.

인생의 반환점을 넘어서면서 우리는 자신만의 의미와 가치를 재발견할 수 있다. 이를 통해 삶의 새로운 장을 열어 가며 더 깊고 풍요로운 인생을 만들어 갈 수 있는 출발점에 설 수 있다.

3장

다시
꿈을
꾸자

루소의 삶을 통해 우리는 인생의 반환점에서 서로운 꿈을 찾고, 그 꿈을 향해 열정적으로 나아가는 중요한 교훈을 배울 수 있다. 실패를 두려워하지 않고, 자신을 믿으며 앞으로 나아가는 용기가 필요하다. 루소처럼, 우리도 인생을 순수하고 열정으로 가득 채울 꿈을 찾아야 한다.

진정한 사랑과 지지는 바깥에서 오는 것이 아니라 자신으로부터 시작된다. 가족, 연인, 친구도 중요하지만 ㄴ 자신이 나를 가장 사랑하고 지지해야 한다. 내 꿈을 키우고, 나만의 삶을 진실되게 살기 위해 스스로에게 힘을 실어야 한다.

루소는 다른 사람의 평가나 시선에 휘둘리지 않았다. 그는 자신이 원하는 ㅂ를 명확히 알고, 그것을 이루기 위혜 주저하지 않고 나아갔다.

나의 삶은 남이 평가할 수 없다. 내 삶의 가치를 결정할 수 있는 사람은 오즈 나 자신뿐이다.

1. 구석에 묻어 둔 나의 꿈

인생의 반환점에서 자신의 진정한 욕망을 고민하는 것은 긍정적 신호다. 인간은 한 가지 욕망을 충족하면 끊임없이 새로운 욕망을 품는 존재다.

심리학자 매슬로(Abraham Maslow)는 인간의 욕구를 다섯 단계로 구분하는 '욕구 단계 이론'을 통해 이러한 본성을 설명했다. 매슬로는 인간의 행동이 욕구를 충족시키기 위한 동기에서 비롯된다고 보았다. 매슬로에 따르면 인간의 욕구는 가장 기본적이고 본능적인 욕구부터 고차원적인 욕구로 진행된다.

첫 번째 단계인 생리적 욕구는 생존과 결부된 본능으로 인간에게 가장 강력하게 영향을 준다. 생리적 욕구가 충족되면 두 번째로 안전의 욕구가 생긴다. 세 번째 단계로는 소속감과 애정을 원한다. 사람들이 서로 감정적인 연결을 갈망하는 것으로 설명할 수 있다. 네 번째 단계에서는 존중을 원하는 인정 욕구가 생긴다. 인정 욕구는 사람들이 직업적 성취감과 사회적인 성공을 추구하게 한다. 마지막 단계인 자아실현 욕구는 자신의 잠재력과 재능을 최대한 발휘하며 성장과 완성을 추구하는 고차원적 욕구다.

매슬로에 따르면 대부분의 사람들은 1~4단계 욕구에서 머물며, 자아실현의 단계에 이르는 이는 소수에 불과하다. 그렇기 때문에 중년기에 새로운 성장과 자아실현을 고민하는 것만으로도 큰 의미가 있다.

자아실현의 욕구는 삶의 새로운 전환점을 맞아 자신의 방향을 다시 설정하라는 신호다. 생존이나 사회적 성취에 머물지 않고 자신의 내면에 귀 기울이며 진정으로 원하는 삶을 찾아가는 여정은 제2의 삶을 설계하는 중요한 과정이다. 인생의 반환점에서 우리는 과거의 욕망과 새로운 열망을 함께 마주하며 이를 성장의 동력으로 삼아야 한다.

제2의 인생을 꿈꾸는 이들에게 가장 중요한 첫걸음은 자신의 재능과 흥미를 탐색하는 것이다.

진정한 꿈을 아직 찾지 못했더라도 언제든지 자신을 탐구하

126   앙리 루소가 쏘아올린 공

는 여정을 시작할 수 있다. 이 탐색은 잠재된 재능을 발견하고 흥미와 재능이 교차하는 지점을 찾는 것에서 출발한다. 흥미만으로는 꿈을 지속하기 어렵다. 지속 가능한 열정을 위해서는 흥미와 재능이 조화를 이루어야 한다. 이 둘이 결합할 때 꿈을 실현할 장기적인 힘과 동기가 생긴다.

◀ 앙리 루소, 〈놀람〉, 1891. 루소가 정글을 주제로 그린 첫 작품으로, 그가 '이국적' 화가로 불린 계기가 되었다. 작품 속에서는 천둥과 번개가 몰아치며 숲의 나무와 잎이 거친 바람에 휘날린다. 그 가운데 불안한 표정의 놀란 호랑이가 있다. 호랑이는 주변 배경과 비슷한 색감을 지녔으나 묘하게 이질감을 준다. 루소가 표현한 정글은 동화 같은 달콤함이 아니라 긴장과 불안이 뒤섞인 불안정한 공간이다. 작품의 제목인 '놀람'은 정글 속 호랑이의 감정 상태를 나타내는 동시에, 루소 자신의 내면적 불안을 상징적으로 드러내는 것이기도 하다.

루소는 자신의 창작 과정에 대해 이렇게 말했다. "온실에서 먼 이국의 낯선 식물을 보고 있노라면 마치 꿈을 꾸는 것만 같습니다. 내가 아주 다른 사람같이 느껴집니다." 루소에게 정글이란 외부 세계의 이국적 풍경인 동시에 그의 무의식과 내면적 심리를 투영한 상징적 공간임을 알 수 있다. 작품 속 정글과 호랑이는 현실과 상상을 잇는 루소의 예술 세계를 보여 준다.

모든 사람은 자신만의 재능의 씨앗을 지니고 있다. 그 씨앗이 아직 싹을 틔우지 못한 이유는 우리가 그것을 땅에 심지 않고 손에 쥔 채 있기 때문일지도 모른다. 한 알의 밀알이 땅에 떨어져야 싹이 트고 열매를 맺을 수 있듯 우리도 재능의 씨앗을 발견하여 땅에 심고 가꾸어야 한다. 물을 주고, 햇빛을 받게 하며 끊임없이 돌보는 과정을 통해 그 씨앗은 비로소 싹이 트고 열매를 맺는다.

자신의 재능과 흥미를 발견하고 이를 바탕으로 꿈을 세워 실현해 나갈 때, 목표를 이루는 기쁨을 넘어 내면 깊은 충실함과 완성감을 경험할 수 있다. 이는 매슬로가 말한 자아실현의 본질에 다가가는 중요한 과정이다. 자아실현은 성과를 이루는 것 이상의 의미를 가지며, 자신의 잠재력을 온전히 발휘하며 삶의 근원적인 행복을 느끼는 상태다.

제2의 인생을 시작하기 위해 필요한 것은 꿈을 향해 나아가려는 용기와 꾸준함이다. 꿈은 막연한 바람이 아니라 내 안의 재능과 흥미가 만나는 지점에서 싹튼다. 이 씨앗을 심고 가꾸는 과정에서 우리는 자신만의 독창적인 길을 발견하며 진정한 행복과 충만함을 찾아갈 수 있다.

나는 주변에서 새로운 삶을 개척하고 묵혀 둔 꿈을 실현하는 사람들을 보며 내 삶의 방향에 대해 많은 교훈을 얻었다. 중년 혹은 노년에 다시 시작하는 사람들의 용기와 도전은 내게도 깊은 자극이 되었다.

얼마 전 나는 깊이 있는 독서를 하고자 온라인 서평 쓰기 강의를 등록했다. 이 강의는 좋은 책을 선별하는 안목을 기르고 글쓰기 실력을 다지는 데도 유익했다. 60대의 서평 강사님은 첫 시간에 자신만의 독특한 이력을 소개하며 수강생들의 흥미를 끌었다.

그는 원래 선박 엔지니어이자 중소기업 임원으로 근무했지만 50대 중반에 예기치 않은 퇴직을 맞았다. 인생 최악의 지점에서 마음을 추스르려고 독서와 글쓰기를 시작했다고 한다. 읽고 쓰기를 시작하면서 어린 시절 간직했던 작가의 꿈을 되살리게 되었고 3년간 꾸준히 공부한 끝에 자신의 책을 출간했다.

그 책은 많은 독자에게 공감을 불러일으키며 베스트셀러가 되었다. 현재 그는 독서와 글쓰기 강사로 제2의 인생을 살고 있다. "배움의 길은 끝이 없고, 그 길로 가다 보면 계속 새로운 길을 만나니 또 지속하게 된다."는 강사님의 말은 오래 기억에 남았다.

올해 팔순을 맞이한 나의 아버지는 도전과 성장을 멈추지 않

130   앙리 루소가 쏘아올린 공

는 인생의 교본과도 같은 분이다. 아버지는 20대부터 60대 중반까지 수의사로 일하며 헌신적인 삶을 살았고, 은퇴 후에는 전혀 다른 분야에 도전하며 새로운 길을 걸어가고 있다.

어릴 적 아버지가 글을 쓰는 모습을 본 적이 없었기에, 어느 날 수필을 쓰셨다며 맞춤법 교정을 부탁하셨을 때 나는 깜짝 놀랐다. 그 글은 수십 년 전 진료하던 시절에 만난 소 주인 할아버지와의 추억을 담은 솔직한 수필이었다. 서툴지만 진솔하고 감동적인 이야기가 글 속에 녹아 있었다.

그 이후로도 아버지는 지난 삶의 경험이 담긴 수필을 꾸준히 썼고 문예지에 투고하여 실리기도 했다. 그 글을 읽은 한 소설가가 아버지에게 연락을 해 왔다. 소설가는 아버지의 수필을 소설

◀ 앙리 루소, 〈굶주린 사자〉, 1905. 루소의 그림 안에는 그가 창조한 하나의 세상이 있다. 루소는 이 그림에 대하여 "사슴을 덮친 굶주린 사자와 멀리서 기다리는 표범 뒤로 태양이 지고 있다."라고 설명했다. 생존의 투쟁이 치열한 자연을 예시로 개인적인 한계를 용기있게 넘어서는 모습을 보여 주려고 했을까? 이 작품은 그의 예술 세계에서 창조된 복합적인 감정과 상황을 드라마틱하게 표현한다.

로 각색하고 싶다고 했고 이후 단편소설로 출간되었다.

또 얼마 후에는 독립영화 시나리오로 만들고 싶다는 영화 감독님의 연락을 받았다. 그 감독님은 실버영화제에 출품할 소재를 찾고 있었다. 아버지의 이야기는 같은 시대를 지나온 지금 노년의 세대에게 깊은 공감을 준다고 한다. 그 인연으로 아버지는 그 영화에 배우로 출연까지 했다. 글을 처음 쓰실 때는 전혀 예상하지 못했지만 지금 아버지는 수필가이자 영화협회 임원으로 제2의 인생을 활발하게 이어 가고 계신다.

아버지와 서평 강사님의 사례는 나이가 들어서도 묻어 둔 꿈을 되찾고 새로운 삶을 시작하는 것이 가능하다는 증거다. 그들은 50대와 70대라는 시기에 과감히 새로운 목표를 설정했고 그 과정에서 삶의 새로운 의미를 발견했다. 중요한 것은 나이가 아니라 현재를 충실히 살며 기회를 활용하는 태도다.

톨스토이는 말했다. "과거는 이미 존재하지 않고, 미래는 아직 닥치지 않았다. 존재하는 것은 오직 현재뿐"이라고. 과거의 모습에 연연하거나 미래를 미리 걱정할 필요가 없다. 우리가 현재의 순간을 최대한 활용하고 충실히 살아갈 때, 삶은 새로운 길과 의미를 우리에게 보여 줄 것이다.

2. 새로운 도전을 위해 탐색하라

르네상스 시대 천재 조각가 미켈란젤로(Michelangelo Buonarroti)에게 사람들이 묻곤 했다. "어떻게 그 거대한 돌을 저렇게 정교한 작품으로 만드셨나요?" 그는 대답했다. "나는 단지 돌 속에 숨어 있던 것을 꺼냈을 뿐입니다."

'내 모습 찾기'란 미켈란젤로가 남긴 말처럼 우리 각자에게 숨겨진 진정한 모습을 발견해 가는 과정일지도 모른다. 우리 모두에게도 아직 꺼내지 못한 모습이 숨어 있고, 우리는 현재 다듬어지지 않은 원석 상태일지도 모른다. 미켈란젤로 같은 눈썰미 있는 조각가를 만나지 못한 우리는 스스로 숨어 있는 모습을 찾아내야 한다.

나의 진정한 모습을 찾기 어렵다면 실천할 수 있는 몇 가지

▲ 미켈란젤로, 〈노예〉, 1520~1535. 여러 점 발견된 미켈란젤로의 노예 조각상들은 미완성 상태로 보이지만, 예술적 의도의 일부라고 분석하는 학자들도 많다. 조각이 마치 돌 속에 갇혀 있는 듯한 모습은 의도적인 철학적 메시지를 담고 있다고 해석한다. 미켈란젤로는 조각 과정을 '돌 속에 이미 존재하는 형상을 찾아 해방시키는 행위'로 여겼고, 이 조각들은 미켈란젤로의 표현처럼 조각하는 것이 아니라 돌에서 꺼내는 과정처럼 보인다.

방법을 권한다.

첫째, 어린 시절의 경험에서 출발할 수 있다. 어린 시절 몰입했던 활동이나 자연스럽게 끌렸던 분야를 돌아보는 것은 재능을 찾는 좋은 지점이 될 수 있다. 어린 시절, 시간 가는 줄 모르고 즐겼던 활동은 우리가 본래 가지고 있던 흥미와 재능의 실마리를 제공한다.

앙리 루소는 학창 시절 미술상을 받았던 경험이 그의 예술적 열정을 자극했고 결국 그를 화가의 길로 나아가게 했다. 이처럼 어린 시절의 경험은 우리의 숨겨진 꿈을 찾는 중요한 단서를 제공할 수 있다.

둘째, 자신을 더 깊이 탐색하기 위해서 여러 분야의 책을 읽거나 새로운 활동에 도전해 보는 것도 좋은 방법이다. 새로운 경험과 배움은 우리의 잠재력을 확장시키고 진정한 꿈과 재능을 찾는 중요한 자원이 된다.

꿈을 찾는 많은 이들의 멘토로 활동하고 있는 고전평론가 고미숙은 인생을 바꾸기 위한 공부를 강조한다. 공부란 '세상을 향해 질문을 던지는 것, 다른 존재로 변하는 것, 가능성을 탐색하는 것'이다. 그는 저서 《공부의 달인 호모쿵푸스》에서 "공부란 내가 좋아하는 것을 찾아가는 과정이다."라고 말한다. 독서뿐만 아니라 경험으로서의 공부를 통한 탐색 과정에서 우리는 자신의 재능과 꿈을 현실로 만드는 구체적인 방법을 찾을 수 있다.

셋째, 주변 사람들의 피드백을 적극적으로 활용해 보자. 우리는 종종 자신의 강점을 과소평가하거나 아예 인식하지 못한다. 이런 경우 가족, 친구, 동료들은 우리가 놓친 재능을 발견하는 데 중요한 역할을 한다. 타인의 의견을 통해 우리가 몰랐던 강점과 흥미를 재발견할 수 있으며 흥미와 재능이 교차하는 지점을 더욱 명확히 파악하게 된다.

예전에 심리상담사로 활동하는 분을 만난 적이 있는데 그녀는 40대에 심리학 대학원에 진학하고 직업을 전환했다. 그 계기는 직장 동료들로부터 "사람들의 이야기를 귀 기울여 듣는 모습이 감동적"이라는 말을 들은 것이었다. 그래서 자신이 상담이나 멘토링과 같은 영역에 숨겨진 재능이 있음을 생각하게 되었고 이를 계기로 공부를 시작했다. 그녀는 자원봉사로 멘토링 활동에 참여하는 것을 삶의 기쁨으로 여기며 살고 있다.

이렇듯 자신의 꿈과 재능을 찾기 위한 탐색은 중년 이후의 삶을 더욱 풍요롭게 만들 수 있다. 미켈란젤로의 조각이 돌 속에서 그 형태를 꺼내듯 우리도 스스로를 탐구하며 숨어 있던 모습을 찾아낼 수 있을 것이다.

꿈을 찾았다면 그 다음은 용기와 실천이 필요하다. 재능과 꿈을 발견했다면 이제 그것을 현실로 만들어야 한다. 매슬로가 강조한 자아실현 단계는 꿈을 찾는 것에서 멈추지 않는다. 꿈을 실천하며 자신의 가능성을 최대한 발휘하는 과정이기도 하다. 나이가 많더라도 도전은 언제나 가능하다. 작지만 결단력 있는 시작이 큰 변화를 불러올 수 있다. 변화는 과거에 더물러 있을 때가 아니라 새로운 길로 첫발을 내디딜 따 이루어진다.

결국 자신을 탐색하고 재능을 발휘할 기회를 단들어 가는 과정에서 제2의 인생은 더욱 의미 있게 그려진다. 이 여정에서 우리는 매슬로가 말한 '자기실현'의 성장으로 나아가며 진정한 기쁨과 성취를 경험하게 된다.

제2의 인생은 단순한 변화가 아니라 스스로를 깊이 이해하고 자신만의 길을 찾아가는 성찰의 여정인 것이다.

3. 배움은 보이지 않던 것을 보게 한다

중년은 다양한 학습 경험과 그에 따른 능력이 쌓여 있기에 개인의 성장을 이루기 적합한 시기다. 새로운 지식과 기술을 습득한 뒤 오랜 경험과 결합해 더 깊은 이해와 성과를 이끌어 낼 수 있다. 중년에 시작하는 학습은 단순히 새로운 정보를 얻는 행위가 아니라 삶의 활력을 되찾고 자존감을 높인다. 삶을 재정립하고 변화의 발판을 마련하는 중요한 과정이다.

나 역시 공부를 통해 새로운 진로를 모색하며 중년이 되어 삶의 방향을 수정했다. 아이가 대학생이 된 후, 내 나이 사십 대 후반에 대학의 사회복지학과에 편입했다. 이과 출신이었던 나는 사회복지학의 필수 과정을 더 들으며 학업을 이어 갔다.

사회복지학은 내가 생각한 새로운 꿈과 목표에 필요한 과정이었다. 노인복지 시설에서 꾸준히 봉사활동을 해 왔던 나는 요양 시설의 문제점을 깊이 생각하게 되었다. 우리나라 노인 요양 시설은 대개 인간의 존엄이 무시되는 단순한 수용 시설로 여겨지는데 그런 현실이 답답했다. 그래서 훗날 나의 부모님이나 더 멀리는 나 자신의 미래를 위해서, 인간의 존엄을 지키는 노인 요양 시설을 설립하고 싶었다.

하지만 공부를 마치고 요양원과 요양병원에서 실습과 근무를 해 보니 복지 센터 운영은 내게 기쁨을 주는 일이 아니었다. 노인 요양 시설이 국가 의료보험으로 유지되는 우리나라의 경우 개인 의지대로 운영할 수 있는 시설을 설립하는 것조차도 현실적으로 쉽지 않았다. 그렇게 공부를 했지만 졸업 후에는 결국 지속해 오던 봉사활동의 기쁨도 잃어버린 채 전부 그만두고 말았다.

하지만 사회복지학을 공부한 그 시간은 인간의 존엄성과 삶의 방향에 대해 깊이 고민하는 기회가 되었다. 이 경험을 통해 나는 중년의 공부는 계획대로만 흘러가지 않으며 때로는 새로운 시각을 열어 주는 과정임을 배웠다.

그러다가 뉴욕 현대미술관에서 만난 앙리 루소의 그림은 나를 또 다른 공부의 세계로 데리고 갔다. 마치 열려 있던 문을 닫

140   앙리 루소가 쏘아올린 공

자 또 다른 문이 열리듯 앙리 루소는 나를 새로운 방향으로 이끌었다. '삶은 뒤돌아볼 때에야 이해되는 것'이라는 키르케고르의 말이 실감 났다. 내게 중년의 공부는 삶의 방향을 재정립하고 새로운 길을 찾아가는 여정이었다.

◀ 앙리 루소, 〈티세트르의 비에브르 강둑 풍경〉, 1908~1909. 앙리 루소가 생애 마지막 시기에 그린 작품으로, 파리 교외의 평온한 풍경을 담고 있다. 루소는 1909년 이 작품을 미술상 앙브루아즈 볼라르(Ambroise Vollard)에게 판매할 당시 그림 뒷면에 손글씨로 주제를 명시했다. 작품 속 풍경은 당시 노동자 계층이 살았던 파리 남쪽 외곽 비세트르 마을의 모습으로, 지금은 지하로 복개된 비에브르강 인근 지역이다. 그림 왼쪽의 나무가 늘어선 길 위에는 농민 복장의 작은 인물들이 등장하고, 배경에는 17세기에 지어진 아르퀘유 수로가 보인다.

이 작품은 20세기 초 새로운 미술 시대의 여명을 알리는 유화 작품으로 평가받고 있다. 루소의 독특한 시선으로 재해석된 풍경은 현실과 상상 사이에 공존하며, 보는 이에게 특별한 시각적 경험을 제공한다. 커다란 나무의 수직선, 얽혀 있는 가지의 곡선, 길의 직선과 면이 조화를 이루며 몽환적이고 초현실적인 느낌을 준다. 루소는 나무, 건물, 인물과 같은 현실의 소재를 기하학적인 형태로 강조하여 동화적 효과를 창출했다.

3장 _ 다시 꿈을 꾸자   141

중년의 공부는 청년기의 학습과 다르다. 축적된 삶의 경험이 더해져 지식의 깊이가 깊어진다. 중년 이후에는 학위 과정에 국한되지 않더라도 빠르게 변화하는 기술과 지식을 습득하는 것이 중요하다. 새로운 기술과 정보를 배우는 과정은 세상의 변화에 적응할 수 있게 도와준다.

심리학자 에릭 에릭슨(Erik Erikson)은 중년기에는 생산성과 창조성을 통해 성장을 이루지 못하면 삶에서 정체되며 이후의 삶에서 좌절감을 느낄 수 있다고 보았다. 중년기에 공부하며 끊임없이 새로운 것을 배우는 과정은 이후의 삶을 성장의 방향으로 이끈다. 중년의 공부는 단순한 지식 습득을 넘어, 경험과 새로운 지식을 결합해 더 큰 성취를 이루는 과정이다. 중년기에 내가 가진 경험과 새로운 지식이 만날 때 새로운 길을 찾을 수 있다.

나의 경우 사회복지학에서 시작한 여정이 미술 이론으로 이어지며 새로운 방향으로 나아갔다. 사회복지학에서 얻은 인간에 대한 이해와 미술 이론에서 배운 예술적 감각을 결합해 예술의 치유적 역할을 이해하게 되었다. 이를 통해 삶의 새로운 목표와 방향을 설정할 수 있었다. 나에게 중년의 공부는 예상치 못한 변화와 기회를 가져왔다. 중년 이후의 배움과 성장은 인생 후반부를 더 풍요롭게 만드는 열쇠가 된다.

중년의 공부는 개인적 성장과 삶의 변화를 이끄는 중요한 과정이다. '아는 것이 힘이다'라는 말처럼, 배움은 보이지 않던 것을 보게 하고, 삶을 더 나은 방향으로 이끄는 강력한 도구다.

중년기의 공부는 삶을 재정립하고 변화에 적응하는 힘을 키우며 자유로움으로 나아가는 길이기도 하다.

4. 삶은 예술로 빛난다

인간이 예술 작품을 보고 아름다움을 느끼는 능력은 선천적일까? 교육이 필요한 것일까?

독일 철학자 이마누엘 칸트(Immanuel Kant)는 아름다움을 느끼는 능력이 선천적이라고 보았다. 그는 인간이 교육받지 않고도 예술작품이나 자연 속에서 아름다움을 느끼고 경외심을 느낀다고 생각했다. 미적 영역의 감정, 즉 미감은 지성이나 논리가 관여하지 않는다는 것이다.

그러나 프랑스 사회학자 피에르 부르디외(Pierre Bourdieu)는 칸트의 생각에 반대 의견을 제시했다. 그는 미감이나 취향이 단순히 타고나는 것이 아니라 계급과 사회적 배경에서 만들어진다고 본 것이다.

부르디외는 저서 《구별 짓기》에서 '아비투스(Habitus)'라는 개념을 제시했다. 아비투스는 '문화 자본'으로 번역할 수 있다. 라틴어로는 '소유하다'라는 뜻을 가진 동사 'habere'에서 유래했으며 습관을 뜻하는 'habit'과 같은 어원을 가지고 있다.

아비투스는 경제적 자본과는 다른 지적인 면모, 문화적 감수성을 포함하는 정신적 자본이다. 경제학자 카를 마르크스(Karl Marx)는 경제적 자산의 유무로 자본가와 노동자를 구분했지만 부르디외는 자본을 정신적 영역까지 더 넓게 보았다.

아비투스는 취향이나 교양으로 나타나고 개인이 세상을 살아가는 방식과 태도를 결정한다. 부르디외에 따르면 개인적인 선호나 기호가 타고난 것처럼 자연스러워 보이지만, 물질적인 부를 물려받는 것처럼 취향 또한 환경의 산물이다. 취향은 동일 조건의 사람을 함께 묶는 사회적 조건이 되고, 다시 계급을 후대에 전승하는 강력한 기능을 한다.

예술적 취향 역시 아비투스의 일환으로, 어린 시절부터 접한 문화적 경험과 환경에 따라 다르게 형성된다. 잠깐만 생각해 봐도 알 수 있다. 어린 시절부터 클래식 음악을 듣고 전시회나 공연을 관람할 기회가 많은 아이는 그렇지 않은 아이보다 무의식적으로 체득한 문화적 자본력에서 차이가 날 수밖에 없을 것

▶ 앙리 루소, 〈잠자는 집시〉, 1897. 파리 앙
데팡당전에 출품한 이 그림은 많은 사람
들에게 참 이상한 그림이라고 조롱을 받
았다. 루소의 작품은 당시 유행하던 사
실적 묘사와 세련된 구도와는 거리가 멀
었다. 루소 자신은 이 작품에 상당히 애
착과 자신감을 갖고 있었다. 고향 라발
의 시장에게 이 그림을 소개하며 사라고
편지를 보내기도 했으나 거절당했다. 이
작품은 루소의 독특한 세계관을 담은 작
품이었다. 루소의 상상력과 초현실적 미
학을 보여 주는 작품으로, 초현실파의
그림이 등장하기 훨씬 이전에 루소는 초
현실 풍경화를 완성했다. 이 그림은 현
실을 초월한 상징적 표현이 미술에서 어
떻게 새로운 가능성을 열어 갈 수 있는
지 보여 준 사례로, 현대 미술사에서 중
요한 위치를 차지한다. 몽환적이고 아름
다운 이 그림은 뉴욕 현대미술관에서 아
무런 정보 없이도 수많은 관람객의 발길
을 붙잡는다. 나 역시 오랫동안 그 앞에
머물러 있었다.

3장 _ 다시 꿈을 꾸자   147

이다.

부르디외의 이론에 따른다면 개인이 예술적 취향이나 문화적 자본을 축적하는 과정은 단순히 개인적인 노력만으로 이루어지지 않는다. 그것은 사회적 배경에 깊이 뿌리박고 있기 때문에 출신 환경에 따른 차이가 존재할 수밖에 없다.

그러나 존 듀이(John Dewey) 같은 교육 철학자들은 교육을 통해 이러한 차이를 극복할 수 있다고 보았다. 아비투스는 새로운 경험과 교육을 통해 끊임없이 변한다. 예술적 체험을 강조한 존 듀이의 이론은 현재 미국 실용 교육의 근간이 되었다.

그러나 예술적 감각이란 저절로 만들어지는 것이 아니다. 듀이는 과학자를 예로 들어 설명했다. 과학자가 실험을 위해 현미경 사용법을 먼저 훈련받듯이, 예술적 감각을 기르기 위해서 체계적인 예술 교육이 필요하다는 것이다. 실제로 전시회를 찾았을 때 주제를 알 수 없는 추상화를 보거나 그보다 더 난해한 현대미술 전시를 만나면 일단 당황스럽다. 어쩌면 뒤돌아 나와 버리거나 이해할 수 없다는 이유로 다시 찾지 않게 되기 쉽다. 현미경 사용법을 모르는 사람이 세포를 관찰할 수 없는 것처럼 예술 체험에도 기본적인 공부가 필요한 이유다.

듀이에 따르면 예술적 체험은 우리의 자아 존중감과 행복감에 깊이 관련되어 있다. 이는 어린 시절이만 해당하는 것이 아니다. 성인이 된 후에도 예술을 접하며 내면적 성장을 지속할 수 있다. 특히 중년기는 물질적 자본보다 정신적 자본의 축적이 중요한 시기이므로 예술을 통해 내면을 풍요롭게 하고 삶의 질을 높이는 것이 필요하다.

아비투스, 즉 문화 자본은 우리 삶을 어떻게 바꿀까?

예술을 통해 우리는 우리의 아비투스를 변화시키고 자신만의 독창적인 삶의 방식을 재구성할 수 있다. 아비투스는 같은 취향을 공유하는 사람들을 결속시키므로 예술 공부는 만나는 사람들을 바꾸어 놓는다. 생각보다 많은 사람들이 중년 이후 미술을 공부하고 제2의 직업으로 예술 관련 일에 도전하고 있다. 그들은 공부가 주는 즐거움을 느끼고, 새로운 시각으로 세상을 보게 되었다고 말한다.

예술 공부는 문학과 영화에 대한 이해를 넓혀 주는 분명한 효과가 있다. 나는 미술 이론 공부를 통해 문학과 영화에 대한 이해도가 크게 넓어졌다고 느낀다. 대개 유럽의 문학 작품들에는 그들의 인문학적 배경이 자연스럽게 녹아 있어, 그 의미를 알지 못하면 깊이 이해하기가 어렵다. 예를 들어 한국의 문화적 맥락에서 '놀부처럼 생긴 노인네'라는 문장을 읽으면 바로 욕심 많고

심술궂은 노인의 이미지를 떠올린다. 그러나 이 문장을 처음 접하는 외국 독자에게는 그 의미 전달이 즉각적이지 않다. 이렇게 문학 작품이나 영화, 그림 등은 상징과 은유로 가득하다.

나의 경우 미술 이론을 공부하면서 프랑스 영화와 소설의 난해함을 즐기게 되었다. 예전에 외계어 같다고 생각한 프랑스 작가 파스칼 키냐르(Pascal Quignard)의 작품은 압축된 상징과 인용을 해독하는 재미를 주었다. 지금은 가장 좋아하는 작가로 키냐르를 꼽는다.

무엇인가를 제대로 이해하고 나면 그것을 좋아하게 되고, 아는 만큼 더 많이 보게 된다. 이는 예술 공부가 개인적 경험과 문화적 이해에 얼마나 큰 영향을 미치는지를 보여 준다.

중년의 변화와 도전 속에서 예술은 강력한 도구가 될 수 있다. 예술은 단순히 취미를 넘어서 우리의 생각과 감정을 깊이 있게 탐구하게 하고, 새로운 시각으로 세상을 바라보게 한다. 예술 활동은 과거에 얽매이지 않고 미래로 나아가는 길을 제시하며 삶의 질을 높이고 더 나은 자신으로 발전하는 데 필요한 에너지를 제공한다.

부르디외의 '아비투스' 개념은 우리의 출신에 따라 형성되는 삶의 패턴과 태도를 설명하지만, 존 듀이의 교육 철학에 따르면 예술을 통해 우리는 자신만의 독창적인 삶의 방식을 재구성하고 아비투스를 확장할 수 있다. 예술은 삶의 위기 속에서도 새로운 가능성을 열어 주며 더 나은 미래를 상상하고 그것을 현실로 만들기 위한 힘을 제공한다. 이는 중년기에 특히 절실한 자원이며 지금 이 순간에도 우리 삶에 큰 도움이 될 수 있다. 이렇게 예술은 중년을 넘어 새로운 시작을 모색하는 이들에게 필수적인 지지와 영감을 제공한다.

위기의 순간에 힘을 주는 예술

예술을 통한 치유는 방향이 두 가지다. 먼저 예술가가 자신의 예술작품을 창작하는 과정에서 내면의 고통으로부터 치유되는 것이다. 다음은 예술을 접하는 관람자가 작품과의 만남을 통해 위로와 공감을 얻고 치유되는 것이다. 예술은 창조하는 자와 수용하는 자 모두에게 위로와 치유의 경험을 준다.

나도 예술작품을 통해 깊은 상처가 치유된 경험이 있다. 십 년 정도 가슴속에 숨겨온 슬픔이 있었는데, 너무 마음이 아파 가슴 깊이 묻어 두고 떠올리려 하지 않았었다. 아마 상처를 봉인하고 회피하려는 심리적 방어기제가 작동했던 것 같다.

내게는 어린 시절 친자매처럼 가깝게 놀던 사촌 언니가 있다.

▲ 앙리 루소, 〈독립기념일 축제〉, 1892. 흩날리는 깃발과 광장을 가득
채운 군중은 다채로운 옷차림과 활기찬 움직임으로 독립기념일의
흥겨운 분위기를 생생하게 전달한다. 독립기념일이라는 사건을 묘
사하는 데 그치지 않고, 일상의 본질적인 흥겨움과 열정의 순간을
포착하고 있다. 철학자 니체는 자신의 삶에 일어나는 모든 것, 즉
좋은 것과 나쁜 것 모두를 사랑하기를 강조했다. 무엇보다도 삶의
모든 측면을 적극적으로 받아들이며 그것들로부터 배우고 성장하
려는 태도를 루소는 삶과 그림을 통해 보여 준다.

예쁘고 재능 많은 언니는 내게 동경의 대상이었다. 결혼 후 워킹 맘으로 바쁘게 살던 언니는 개인적 발전을 위해 대학원에 다니게 되었다. 그런데 대학원에서 어떤 남자가 언니를 짝사랑하여 끔찍한 사건이 일어났다. 어이없게도 그 남자는 만나 주지 않는 언니를 쫓아다니다가 우발적인 살인을 저질렀다.

이 사건은 우리 가족과 지인들에게 너무 큰 충격이었다. 그 누구도 이 일을 입 밖으로 꺼내지 않았고, 나는 그 이후의 일들에 대해 아무에게도 묻지 않았다. 하지만 나는 아주 오랫동안 대학원이라는 단어에 소스라치게 놀랐고, 모르는 남자가 스쳐 지나가면 무섭고 가슴이 조여 왔다. 시간은 흘러갔고 그대로 가슴에 묻힌 기억은 조금씩 희미해졌다.

바이런 킴의 작품

그러던 어느날 우연히 '바이런 킴'이라는 화가의 전시를 보게 되었다. 전시관의 백색 공간에 단색화 같은 대형 그림이 쭉 걸려 있었다. 그림은 어두운 자줏빛에서 푸르스름한 색, 살색 등이 칠해진, 내용을 알 수 없는 추상화 작품이었다. 〈명〉이라는 시리즈였다. 나는 작품 설명을 읽고 그 자리에 얼어붙어서 한동안 움직이지 못했다. 그림 사이를 천천히 걷는 동안 눈물이 하염없이 흘렀다.

"〈멍〉은 시인 칼 필립(Carl Phillips)의 시 〈순수〉에서 영감을 얻은 그림이다. 시인 칼 필립은 연인의 팔에 든 멍을 보면서 이 시를 썼다. 멍은 어두운 청색에서 천천히 황색으로, 결국엔 상처가 있기 전 살로 점점 떠오르고 흩어진다."

이 작품들은 상처와 치유의 과정을 시각적으로 표현한 것으로, 멍 자국이 시간이 지남에 따라 변화하는 과정을 담고 있었다. 이 시리즈는 누군가에게는 그저 추상적인 색의 변화로 보일수 있지만 나에게는 내면의 상처와 그 상처가 치유되어 가는 과정을 떠올리게 했다. 마치 그림들이 내 상처와 흔적을 가만히 어루만지는 것 같았다.

어두운 그림에서 밝은 그림 쪽으로 천천히 걸으며 숨겨 둔 내마음의 멍이 이제 나아가고 있음을 알게 되었다. 바이런 킴의 작품을 통해 나는 나의 감정과 마주할 수 있었고, 예술작품을 통해 숨겨진 아픔이 서서히 나아 가는 경험을 하면서, 예술의 치유적힘을 깨달았다.

우리는 때때로 우리 영혼을 이해하고 공감해 주는 예술을 만날 수 있다. 예술작품을 통해 영혼이 치유되기도 한다. 그리고 그러한 만남은 삶의 물길을 바꾸어 주기도 한다.

예술로 고통과 상실을 극복한 예술가들은 많지만 그중에서도 프리다 칼로(Frida Kahlo, 1907~1954)의 삶은 특히 그렇다. 오직 그림을 그릴 때만 행복했다는 프리다 칼로의 삶은 고통으로 점철되어 있었다. 그녀는 자신의 예술을 통해 고통을 이겨 나갔다.

▲ 프리다 칼로, 〈부서진 기둥〉, 1944. 스스로에 대해 그녀는
"나는 다친 것이 아니라 부서졌다."라고 표현했다.

그녀는 유아기에 소아마비를 앓아 다리가 불편했고, 18살 때는 끔찍한 교통사고를 당했다. 이 사고로 왼쪽 다리 11곳이 골절되고 요추, 골반, 쇄골, 갈비뼈가 부러졌다. 치명상을 입고 기적적으로 목숨만을 건졌지만 이 사고로 칼로는 죽을 때까지 하반신마비 장애를 안고 살아가야 했다.

결혼 후 남편 디에고 리베라(Diego Rivera)의 바람기와 세 차례의 유산으로 정신적 고통도 많이 겪어야 했다. 고통은 그녀의 작품에서 주요한 주제가 되었고, 그녀는 자신의 고통을 직시하면서 그것을 치유의 수단으로 사용했다. 칼로의 자화상은 종종 그녀의 고통을 시각화한다. 그리고 그녀는 자신의 신체적 상처와 고통을 예술로 변환시켜 표현했다. 칼로는 오랫동안 병상에서 생활하며 육체적인 고통과 정신적인 절망을 견디기 위해 끊임없이 그림을 그렸다.

그녀는 특히 자화상을 많이 그렸다. 칼로의 〈가시 목걸이와 자화상〉은 실패한 결혼생활의 상심과 지속적인 불운을 안고 사는 자신을 순교자의 모습으로 표현한 작품이다.

멕시코 전통 의상을 입은 프리다 칼로의 목에는 가시 목걸이가 둘려 있고 가시에 찔려서 피가 흐른다. 그녀의 목에는 자유를 상징하는 벌새가 가시에 걸린 채 죽어 있다. 아마도 벌새는 자유를 잃고 고통당하는 자신의 모습을 상징하는 것이리라. 자신에게 닥친 불운과 고통에도 불구하고 그녀의 표정은 초연하고 담담하다. 잔인한 운명에 무릎 꿇지 않겠다는 그녀의 의지가 강하게 느껴지는 그림이다.

프리다 칼로, 〈가시 목걸이와 자화상〉, 1940.

그녀의 자화상은 자신의 내면을 깊이 들여다보고 자신의 고통과 화해하는 과정이었다. 그녀는 고통 속에서도 아름다움과 강인함을 찾고 억압된 감정들을 해소했다. 그녀는 자신의 삶과 죽음을 끊임없이 예술로 재해석했다.

그녀는 고통의 순간을 그저 견디는 데 그치지 않고 이를 통해 새로운 의미를 찾아내며 자신의 정체성을 형성해 나갔다. 칼로의 작품 활동은 그녀가 살아온 고통의 흔적을 기록하는 동시에 상처를 극복하고 내면의 강인함을 발견하는 과정이었다. 프리다 칼로의 작품이 지닌 강력한 힘은 오늘날에도 수많은 사람들에게 깊은 감동과 치유를 전하고 있다.

3장 - 다시 꿈을 꾸자   157

▲ 프리다 칼로, 〈상처 입은 사슴〉, 1946. 남편 디에고는 끊임없는 외
도는 물론이고, 칼로의 여동생과의 불륜이라는 잔인한 짓까지 저
지른다. 사건 이후 칼로는 수많은 화살을 맞아 죽어 가는 사슴으로
자신을 그렸다. 하지만 그녀는 죽는 순간까지 계속 그림을 그렸고
병상에 누운 채 전시회를 열었다.

예술은 단순한 표현 이상의 기능을 가지고 있다. 특히 전쟁과 같은 극한의 고통 속에서 예술은 인간의 깊은 상처와 아픔을 치유하는 도구로 변모한다. 치유의 예술을 대표하는 장르는 앵포르멜(Informel)을 꼽을 수 있다.

앵포르멜은 2차 세계대전 이후 유럽에서 탄생한 추상미술 양식으로, 그 의미는 '형태가 없다'는 뜻을 담고 있다. 구체적인 사물의 형상을 모사하지 않는 이 추상미술은 전쟁 후 시대의 격정적인 감정과 혼란스러운 내면세계를 반영한 결과물이었다.

예술가들이 표현하는 추상적인 형식은 때로는 말로 다 표현할 수 없는 내면의 고통을 외부로 드러내는 유일한 방법이 되기도 한다. 앵포르멜은 전쟁과 폭력으로 인해 파괴된 인간성과 상처받은 마음을 구체적인 형태를 버리고 감정을 응축하여 표현한다.

앵포르멜을 대표하는 화가 장 포트리에(Jean Fautrier)는 나치의 잔혹함을 직접 체험한 인물로, 그 경험은 그의 예술에 깊은 영향을 미쳤다. 포트리에는 나치 점령하의 수용소 인근 병원에 숨어 지내며, 매일 고문당하는 이들의 비명을 들어야 했다. 극심한 청각적 자극은 그의 내면에 깊은 트라우마를 남겼고, 그는 이 경험을 겹겹이 물감을 바르고 짓이겨 쌓아 올린 촉각적인 회화

3장 _ 다시 꿈을 꾸자   159

로 표현했다.

그의 작품 속 두텁게 쌓인 물감 덩어리는 고문당하는 인간의 무력한 신체와 그 속에 응집된 공포를 상징한다. 그의 작품은 고통의 시각적 기록이자 전쟁의 참상을 몸소 겪은 사람들이 느낀 트라우마의 시각적 재현이었다.

1945년 포트리에의 전시에 선보인 형태를 알아볼 수 없는 추상화 〈인질들〉 시리즈는 전쟁으로 상처받은 사람들의 내면을 자극하며 큰 반향을 일으켰다. 전쟁의 공포와 폭력에 찢긴 영혼들은 그의 작품을 보며 자신들의 기억 속 깊이 잠재한 고통과 대면할 수밖에 없었다.

어떤 예술 작품은 차라리 잊고 싶어 하는 것, 너무 끔찍해서 진실이 아니었으면 하는 것을 떠올리게 한다. 포트리에는 예술을 통해 자신뿐만 아니라 관람자들의 내면에 깊이 자리 잡은 트라우마를 마주하게 만들었고, 이러한 대면은 그 자체로 치유의 시작이 되었다.

전쟁은 우리나라에서와 마찬가지로 예술가들에게 깊은 상처를 남겼다. 6·25 한국전쟁이 끝난 직후 한국의 젊은 화가들 사이에서도 앵포르멜 양식이 등장했다. 2차 세계대전과 마찬가지로 한국전쟁도 예술가들에게 지울 수 없는 상처를 남겼으며, 그들은 그 상처를 표현하기 위한 새로운 예술 언어르 앵포르멜을 사용한 것이다.

이 시기에 앳포르멜의 작업을 보여 준 화가가 블방울 화가로 알려진 김창열기었다. 김창열의 물방울이 처음부터 맑고 투명한 빛이었던 것은 아니다. 그의 물방울은 불투명하고 끈적한 질감에서 시작하여 세월이 지날수록 점점 긹아지고 투명해졌다. 김창열은 전쟁을 누구보다도 깊게 온몸으로 체험한 인물이다. 그는 "전쟁을 나처럼 참혹하게 겪은 사람이 없을 것이다."라고 말했다. 그는 자신의 내면적 상처와 공포를 물감으로 쥐어짜듯 표현했다. 그의 작품에서 보이는 끈적끈적한 액체는 마치 인간의 점액질처럼 화면 위로 흘러내리며, 전쟁의 고통과 내면의 상처를 시각화했다.

그러나 김창열의 예술적 여정은 단순한 고통의 표현에 그치지 않았다. 그의 작품 속 점액질은 시간이 지나면서 점차 희석되어 갔고, 그 과정은 상처가 점차 치유되는 과정과도 같았다. 50여 년 동안 끊임없이 물방울을 그리던 그는 처참한 슬픔과 고뇌조차 실체가 없음을 깨달았고 온몸을 묶고 있던 고통의 사슬로부터 해방될 수 있었다. 그의 작품에서 맑고 투명해진 물방울은 작가의 정신적 치유를 의미한다. 화가에게 물방울은 예술적

3장 _ 다시 꿈을 꾸자   161

주제이면서 동시에 내면의 상처를 극복하기 위한 수행의 방법이었다.

예술은 단순히 시각적 즐거움을 주는 것 이상의 치유 기능을 가지고 있다. 극한의 상황, 예를 들어 전쟁 속에서 예술은 고통을 표현할 뿐 아니라 그 고통을 극복하고 치유하는 도구로 작동한다. 앵포르멜과 같은 추상미술은 인간의 고통을 시각화하며 그 고통을 마주하고 치유할 수 있는 공간을 제공한다. 포트리에와 김창열의 작품 역시 그들이 겪은 상처를 드러내는 동시에, 그 상처를 치유하고자 하는 의지를 담고 있다.

융의 심리치료 이론에서도 예술은 개인의 무의식 속에 억압된 고통을 치유하는 중요한 역할을 한다고 보았다. 무의식에 잠재된 트라우마는 삶에 많은 문제를 일으키지만 이를 인식하고 해결하기는 어렵다. 프리다 칼로와 앵포르멜 화가들처럼, 무의식에 숨어 있는 고통을 예술을 통해 의식의 영역으로 끌어올리고 대면할 때, 치유와 성장을 이끌어 낼 수 있다.

우리는 모두 인생에서 크고 작은 상처를 경험한다. 이 상처들은 때로는 말로 표현하기 어렵고 이해받기 힘들며 오랫동안 우리 마음속에 남는다. 예술은 이러한 상처를 시각적으로 표현할 수 있는 통로가 된다. 예술을 통해 우리는 상처와 마주하고 그 과정을 통해 상처를 극복해 나간다.

예술의 치유적 힘은 감정적 해소를 넘어선다. 예술은 인간이 자신의 고통을 재해석하고 그 고통을 통해 성장할 수 있는 기회를 제공한다. 이는 우리가 스스로 상처를 치유할 수 있도록 돕는 도구이며 삶의 위로와 힘이 되어 준다. 이렇게 예술은 우리의 내면을 들여다보고 고통과 화해하며 자신의 정체성을 형성하는 과정에서 귀중한 역할을 한다.

5. 사랑과 꿈은 나이를 묻지 않는다

나이는 삶을 제한하지 않는다. 삶의 마지막 순간까지 꿈꾸고 사랑할 수 있다면 나이는 그저 숫자일 뿐이다.

앙리 루소의 삶은, 사랑이야말로 창조의 원동력이자 삶의 에너지임을 보여 준다. 루소는 두 번의 결혼과 사별을 겪었고 60대에 접어들어 다시 사랑을 시작했다. 그는 세관에서 근무할 때 상사의 딸이었던 54세의 미망인 외제니(Eugénie)에게 진심 어린 사랑을 쏟아부었다. 그녀는 그 마음을 받아 주지 않았지만 그는 포기하지 않았다. 값비싼 선물과 편지를 전하며 자신의 마음을 표현했다.

주변 친구들은 "매달리지 말고, 결혼하지 않을 거면 선물을 돌려받으라."고 현실적인 충고를 했다. 하지만 루소는 "나도 받은 게 많다."고 말했다. 비록 외제니로부터 받은 것이라고는 작은 기념품과 리본 따위에 불과했지만 루소는 그것을 사랑의 상징으로 소중히 간직했다.

루소는 자신의 전 재산을 양도하겠다는 서류까지 만들어 외제니에게 청혼했다가 거절당했다. 어느날부터 외제니는 루소를 만나 주지 않았다. 루소는 매정한 외제니에게 매달리며 열리지 않는 그녀의 집 앞 마룻바닥에서 밤을 지새웠다. 차가운 바닥에서 밤새 떨며 지낸 그는 결국 다리의 괴저가 악화되어 병상에 눕게 되었다. 마지막 순간까지 외제니를 기다리던 그는 그녀를 끝내 보지 못한 채 66세의 나이에 세상을 떠났다. 사랑은 비극으로 끝났지만 루소는 삶의 마지막 순간까지 사랑했고 자신의 열망을 포기하지 않았다.

그의 삶을 알아 가면서 나는 루소의 마지막 사랑이 안타깝고 아쉽기만 했다. 아쉬운 마음에 '나이가 들어서도 왜 그렇게 무모했을까?', '힘들게 얻은 예술가의 이름을 지키기 위해 사랑을 포기할 수는 없었을까?', '친구들의 충고를 듣고 현실을 깨달을 수는 없었을까?'라는 생각들이 꼬리를 물고 이어졌다.

하지만 갑자기 깨닫게 됐다. 그 무모한 사랑이야갈로 그의 삶을 만든 원동력임을. 그림에서 흐르는 순수한 열정처럼 계산 없

3장 – 다시 꿈을 꾸자   165

이 모든 것을 던져 사랑을 대하는 모습은 가장 루소다운 것이었다. 루소에게 사랑을 포기하는 것은 곧 삶을 포기하는 것이었다.

우리는 종종 나이가 많거나 삶이 고통스럽다는 이유로 사랑을 포기한다. 어쩌면 고통을 감당할 용기가 없어서일 수도 있다. 혹은 타인의 열정적인 삶을 보며 '저렇게 살면 피곤하지 않을까?'라는 눈길을 보내기도 한다. 하지만 루소에게 사랑은 창조의 원동력이었다. 그는 고통스럽다고 사랑을 포기할 수 있는 사람이 아니었다.

루소의 친구들은 그의 사랑을 무모하고 미련하다고 말렸지만 루소는 되물었다. "나이가 들었다고 왜 사랑을 포기해야 해?"라고. 이 질문은 우리 모두를 향한 것이 아닐까? 이것은 그저 사랑

◀ 앙리 루소, 〈행복한 4중주〉, 1902. 단순화된 형태와 선명한 색채로 인간과 동물이 함께 어우러짐을 표현한다. 이들은 즐겁게 음악을 연주하고 동화적이면서도 신비로운 분위기를 연출한다. 기술적인 정확성보다는 감성과 순수한 표현에 집중하는 그를 통해 루소는 일상적인 즐거움과 행복, 위안의 메시지를 전달하고자 했을 것이다.

에 대한 물음만은 아니다. 모든 열정과 꿈에 대한 물음이다. 루소가 말년에 그린 그림들은 마치 어린아이처럼 순수한 꿈을 담고 있으며, 이 작품들은 나이를 초월해 삶을 사랑하는 그의 모습을 대변한다.

루소의 이야기는 단지 그의 삶에 국한된 것이 아니다. 꿈의 한계나 열정의 한계는 더더욱 나이와 관계가 없다. 루소는 진정한 감정과 열망에 귀를 기울이며 매 순간을 소중하게 살았다. 사랑과 꿈이야말로 그의 인생에서 의미 있고 가치 있는 일이었다.

삶의 마지막까지 꿈을 꾸고 사랑할 수 있다면 우리는 나이에 얽매이지 않고 자신만의 길을 걸어갈 수 있다. 마지막까지 꿈을 추구하고 진심으로 원하는 것을 지켜 내는 것이야말로 인생의 진정한 성공이 아닐까?

그의 죽음을 누구보다 슬퍼했던, 친구 아폴리네르는 루소의 묘비에 이런 시를 남겼다.

착한 루소, 들리느냐,
들로네, 그의 부인, 크발 그리고 나는 너에게 인사한다,
우리들의 가방이 하늘의 문을 통과하게 내버려 둬라!
우리들은 너에게 붓, 물감, 캔버스를 보낸다,

현실의 깨달음이 있는 너의 신성한 취미를 위하여,

너는 그림 그리는 데에 헌신한다, 마치 네가 나의 초상

화를 그렸던 때처럼

루소는 하늘에 가서도 여전히 그림을 그리리라고 생각한 친구의 마음이 뭉클하게 느껴진다.

사랑을 기다리고 여전히 꿈을 꾸던 루소의 마지막은 외롭거나 후회스럽지 않았을 것이다. 그는 소설 속 이반 일리치처럼 '내가 살았어야 할 방식이 아니었다.'는 독백은 하지 않았을 것이다.

만일 루소가 병을 이겨 내고 더 오래 살게 되었더라도 그는 다른 삶을 추구하지 않았을 것이다. 루소의 삶을 통해 나는 생의 마지막을 어떻게 맞을지 깊이 생각했고 다가올 날이 두렵지 않게 되었다.

제인 오스틴(Jane Austen)은 말한다. "편견은 내가 다른 사람을 사랑하지 못하게 하고, 오만은 다른 사람이 나를 사랑할 수 없게 만든다."고.

이제 우리 삶에서 편견을 버리고 내 삶의 모든 순간을 소중히 여기자.

170   앙리 루소가 쏘아올린 공

◀ 앙리 루소, 〈꿈〉, 1910. 루소가 사망하던 해에 그린 〈꿈〉은 루소의 정글 그림 중 그 몽환적인 느낌으로 특히 유명하다. 그림은 푸른색 꽃, 피리를 부는 검은 여인, 소파에 앉은 누드의 여인까지, 도무지 어울리지 않는 이상한 조합으로 가득하다. 루소만이 창조할 수 있는 세상은 태초의 에덴동산처럼, 갈 수 없지만 가 보고 싶은 이상향 같다. 가장 눈에 띄는 것은, 원시적인 정글 한가운데 있는 누드의 여인이다. 이는 루소의 상상력이 극대화된 표현으로, 당대에는 일반적이지 않았던 구도와 주제 의식을 보여 준다. 단순한 정글 풍경 이상의 의미를 지니는 초월 세계를 표현한 것으로 예술이 창조할 수 있는 무한한 가능성을 보여 주는 작품이다. 예술이 제공하는 내적 해방과 이상적인 세계에 대한 끝없는 추구를 상징적으로 나타낸다.

3장 – 다시 꿈을 꾸자   171

4장

앙리 루소에게
배우는
일곱 단어

우연히 펼친 책 한 권이나 지나가듯 들은 한마디가 가슴 깊이 파고들어 오랫동안 울림을 남길 때가 있다. 아마도 그것이 바로 그 순간 내게 가장 필요하고 절실했던 메시지였기 때문일 것이다. 앙리 루소의 그림과 삶에서 내가 느낀 깊은 울림도 마찬가지였다. 그의 삶의 태도나 용기는 내가 그토록 필요로 하던 것이었기에 더욱 마음 깊이 닿았을 것이다.

루소의 뜨겁고 용기 있는 삶에서 꼭 간직하고 싶은 일곱 개의 키워드를 뽑아 보았다. 이 키워드는 루소의 삶에 뿌리내린 것들이지만 우리 각자의 인생에도 충분히 대입하고 수용할 수 있는 단어들이다.

인생의 반환점은 끝이 아니라 또 다른 시작점이 될 수 있다. 새로운 시작을 하고 싶지만 막연한 두려움에 머뭇거리고 있다면 앙리 루소가 들려주는 이야기에서 힘과 용기를 얻을 수 있을 것이다.

루소는 우리에게 말한다. 주저하지 말고 꿈꾸라고, 늦었다고 생각될 때가 오히려 출발점이 될 수 있다고.

1. 용기

두려움에 지지 말라

앙리 루소의 삶에서 가장 두드러지는 키워드는 용기다. 사전적 정의로 용기(勇氣)는 씩씩하고 굳센 기운, 또는 사물을 겁내지 아니하는 기개를 말한다. 용기는 고통과 불확실성 앞에서 원하는 길을 선택하는 의지로, 두려움에 지배당하지 않는 힘이다.

늦은 나이에 화가로 전향한 대담한 결정은 루소에게도 쉬운 일이 아니었을 것이다. 그는 가난했고 지지해 주고 도와 줄 인맥도 없었다. 그런데도 굴하지 않았다. 그의 용기는 전통적인 예술 교육을 받지 않고도 자신만의 독창적인 예술 세계를 구축한 데에서도 나타난다. 용기가 있었기에 그는 비평가들의 조롱과 무시 속에서도 자신의 예술을 지킬 수 있었다.

비록 작품이 생전에는 비웃음과 외면을 받았지만 그는 자신만의 색채를 잃지 않았고, 그리기를 멈추지 않았다. 루소는 자신의 작품을 통해 본인이 가진 상상력과 창의성을 세상에 드러냈다. 그의 용기는 꿈을 좇아야 한다는 메시지를 넘어서, 꿈을 이루기 위해 어떤 어려움이든 견뎌 내는 의지가 필요함을 상기시킨다.

"용감한 사람은 두려움을 느끼지 않는 사람이 아니라, 그 두려움을 이기는 사람이다." 인류에게 자유와 인권, 평화의 메시지를 전한 넬슨 만델라(Nelson Mandela)는 용기에 대해 이렇게 말했다.

만델라는 종신형을 선고받고 27년간의 투옥 생활을 하면서도 정의와 평화를 위한 투쟁을 포기하지 않았다. 석방 후 남아프리카 최초의 흑인 대통령으로서 국가의 화합을 이끌었고 세계인권운동의 상징적인 존재가 되었다. 20세기 최고의 책 중 하나로 선정된 《자유를 향한 긴 여정》에서 그는 "삶의 가장 큰 영광은 한 번도 실패하지 않는 것이 아니라, 실패할 때마다 다시 일어나는 것이다."라고 말한다.

만델라의 용기는 자유와 평등이라는 목표를 위해 험난한 길을 걸으며 보여 준 굳건한 의지에서 빛난다. 그는 어려움과 실패를 마주했을 때조차도 굴복하지 않았다. 오히려 그 순간들을 자

178   앙리 루소가 쏘아올린 공

신의 신념을 더욱 단단히 다지는 기회로 삼았다. 용기의 진정한 의미는 단순히 두려움을 극복하는 데 있는 것이 아니라, 좌절 속에서도 자신의 길을 묵묵히 걸어가는 데 있다. 만델라는 바로 그런 용기의 상징이었다.

그의 인생이 우리에게 큰 울림을 주는 이유는 그가 두려움을 넘어선 용기를, 자신의 삶을 통해서 보여 주었기 때문이다. 그는 용기가 필요한 순간 한 발을 더 내딛고 불가능해 보여도 포기하

◀ 앙리 루소, 〈제복 입은 프루망스 비슈 하사〉, 1893. 루소의 독창적인 스타일과 함께 예술적 용기를 잘 보여 주는 작품이다. 루소는 전통적인 초상화의 복잡한 세부 묘사를 따르기보다 간소화된 형태와 강렬한 색채를 통해 인물의 본질에 집중했다. 생생한 이미지와 직설적인 표현은 보는 이로 하여금 작품에 즉각적으로 감응하도록 만든다. 특히 인물의 표정과 자세에는 단순히 외형을 묘사하는 데 그치지 않고 당시의 사회적 지위와 인물의 성격을 담아내려는 루소의 의도가 엿보인다. 이는 그의 예술이 단순한 기술적 성취를 넘어서, 인간과 사회에 대한 깊은 통찰과 관심에서 비롯된 것임을 보여 준다. 그림을 그리는 행위를 넘어 자신만의 예술 세계를 만들어가는 용기 있는 과정이 빛을 발했다.

지 않으면 이룰 수 있다는 메시지를 삶으로 직접 전했다. 그래서 그의 인생 자체가 우리의 역사가 되었다.

앙리 루소와 넬슨 만델라의 삶은 단순히 성공을 이룬 영웅 서사가 아니다. 그들의 이야기는 실패와 좌절 속에서도 멈추지 않고 앞으로 나아가는 용기의 본질을 보여 준다. 루소와 만델라는 각기 다른 분야에 있었지만 그들이 보여 준 용기의 교훈은 많이 닮았다. 그들은 자신이 믿는 길을 걸었고 도전을 두려워하지 않았으며 결국 각자의 분야에서 크게 존경받는 인물이 되었다. 용기는 그저 한계를 넘어서는 행위가 아니다. 궁극적으로 자신의 진정한 모습을 유지하며 삶의 어려움을 헤쳐 나가는 것이다.

목표를 위해 현재의 고통스러운 상황을 견뎌 내는 것, 온 마음을 다해 사는 것, 그것이 바로 용기다.

2. 도전

새로운 길을 여는 첫걸음

도전은 앙리 루소의 삶 그 자체였다. 사전에서 '도전(挑戰)'은 정면으로 맞서 싸움을 거는 것을 의미한다. 도전은 변화의 출발점이자 현재의 나를 뛰어넘는 첫걸음이다. 루소에게 도전은 단순히 새로운 일을 시도하는 것이 아니라 끊임없이 자신을 뛰어넘고 세상의 편견과 맞서는 행위였다.

도전은 변화의 출발점이다. 현재의 자신에 만족하지 않는다면 더 나은 삶을 위해 용기를 내야 한다. 그 첫걸음이 새로운 길을 열고 목표에 다가가는 열쇠가 된다. 삶은 끊임없는 경험과 선택의 연속이며 도전을 두려워하지 않는 사람만이 자신의 길을 바꾸고 진정 원하는 삶에 도달할 수 있다.

도전은 실패와 좌절을 동반하지만 그 속에서 얻는 배움은 우리를 더 단단하게 만든다. 앙리 루소는 그의 작품이 조롱받고 비평가들에게 외면당했을 때조차 물러서지 않았다. 그는 실패를 두려워하지 않았고 자신의 열정을 바탕으로 끊임없이 붓을 들며 창의성과 상상력을 펼쳤다. 도전정신이 결국 루소를 예술사에 남을 인물로 만들었다.

루소는 삶 속에서 끊임없이 도전했다. 공식적인 미술 교육을 받지 않았고 주류와 동떨어진 독창적 방식을 택했음에도 불구하고 그는 화가의 길을 걷기로 결심했다. 그의 끈질긴 노력과 용기가 마침내 그를 당대의 예술가들 사이에서 존경받는 자리에 올려놓았다. 주류에 편승하기보다 자신의 길을 개척하며, 그는 두 번째 인생을 자신의 방식으로 만들어 갔다.

루소에게 도전은 성공을 위한 수단만은 아니었다. 그것은 자신이 진정으로 원하는 삶을 찾기 위한 필연적 과정이었다. 그의 삶은 우리에게 말한다. 두려움을 딛고 한 발을 내딛는 용기가 새로운 인생을 여는 열쇠라는 것을. 도전을 피한다면 변화도 없다. 변화는 오직 용기 있는 도전 속에서 찾아온다.

헬렌 켈러(Helen Keller)는 불가능에 도전하고 이를 극복해 낸 삶 그 자체로 도전의 상징이 되었다. 그녀가 말한 "인생은 과감한 모험이거나 아니면 아무것도 아니다."라는 문장은 그녀의 삶을 완벽히 대변한다. 시각, 청각, 언어라는 세 가지 장애를 안고 태어난 켈러는 그 누구도 예상치 못한 위대한 성취를 이루었다. 그녀는 개인적인 장애를 극복하는 데 그치지 않고 약자를 위한 대변인으로 평생을 헌신했다.

켈러는 장애인에 대한 사회적 편견과 싸우며 이를 깨뜨리기 위해 끊임없이 노력했다. 그녀는 13권의 책을 저술하며 전 세계 사람들에게 희망과 영감을 전했다. 스물세 살에 쓴 자전적 에세이 《나의 생애》와 쉰세 살에 쓴 《사흘만 볼 수 있다면》은 그녀의 통찰과 의지를 담아, 오늘날까지도 수많은 사람에게 감동을 주고 있다.

헬렌 켈러의 위대한 삶은 기적이 아닌 끊임없는 도전과 극복의 결과물이다. 그녀는 "실패해도 계속하라. 실패할 때마다 무엇인가 성취할 것이다. 네가 원하는 것을 얻지 못해도 가치 있는 무엇인가를 얻게 될 것이다."라고 강조했다. 그녀의 위대한 삶은 실패에도 굴하지 않고 일어서는 강인함에서 비롯되었다.

49세에 새로운 목표에 도전한 루소의 삶이 우리에게 말하는 것도 늦었다고 생각하는 순간이야말로 도전을 시작할 때일 수 있다는 것이다. 말단 세관원에서 시대를 앞서간 예술가로 거듭난 그의 이야기는 나이와 환경이 결코 우리의 가능성을 제한하

지 못한다는 사실을 증명한다. 그의 삶은 변화를 꿈꾸는 모두에게 말한다. "내가 만들지 않으면 나를 위한 길은 존재하지 않는다."는 것을.

◀ 앙리 루소, 〈자화상〉, 1890. 앙리 루소의 자화상은 그의 화가로서의 도전과 포부를 상징적으로 담아낸 작품이다. 루소는 전통적인 예술가의 베레모와 정장을 입고, 자신의 이름과 두 아내의 이름이 적힌 팔레트를 들고 있다. 이는 단순한 초상화를 넘어 자신을 화가로 선언하며 예술가로서의 정체성을 강조한 행위였다. 배경에는 에펠탑과 열기구 같은 현대적인 상징들이 자리하고 있어, 자신을 당대의 중요한 화가로 자리매김하려는 의지를 강렬히 드러낸다. 특히 이 자화상은 배경을 통해 인물의 정체성을 정의하는 독특한 방식을 채택했다는 점에서 매우 혁신적이었다. 당시의 초상화 전통을 벗어나 자신의 예술적 언어와 상징성을 강조하며, 루소만의 스타일을 구축했다. 루소의 자화상은 도전과 포부의 선언이자 자신만의 예술적 세계를 세상에 선포하는 강렬한 메시지였다.

3. 창조

일상을 예술로

창조(創造)란 단순히 새로운 것을 만드는 행위가 아니다. 그것은 한층 더 높은 가치를 창출하기 위해 현실을 재구성하고 변화를 이끌어 내는 에너지다. 창조성은 현재에 안주하지 않고 기존의 틀을 깨고 새로운 가능성을 탐구하며 우리의 삶을 확장시킨다. 창조적인 사람은 세상을 다르게 바라보고 낯익은 것 속에서 낯선 가치를 발견하며 이를 통해 창조적인 결과물을 만들어 낸다.

앙리 루소의 그림은 비평가들로부터 '완벽하지 않은 묘사'라는 비난과 조롱을 받았지만 결국 독창성을 인정받아 미술사의 중요한 위치를 차지했다. 루소는 미술 기법을 교육받지 않았음에도 불구하고 스스로의 스타일을 개발하며 기존의 예술적 틀을 넘어섰다. 새롭고 신비로운 루소의 그림은 시간이 흐른 뒤 극적으로 평가가 바뀌게 된다. 단순한 화면 구성과 대담한 색감은 원근법이나 명암법을 따르지 않았지만 오히려 그것이 그의 작품에 시대를 앞서는 현대성을 부여했다. 그의 그림에서 드러나는 독특한 묘사와 환상적인 색채는 주류 양식에서는 찾아볼 수 없는 창조적 표현이었다.

위대한 예술가들은 기존의 관습을 넘어 새로운 길을 개척하며 삶과 예술의 경계를 확장한다. 그들의 창조성은 단지 아름다운 결과물을 만드는 데 그치지 않고 사회와 문화에 깊은 영감을 주며 변화를 이끈다. 파블로 피카소는 이러한 창조성의 본질을 누구보다도 깊이 탐구한 예술가였다. 그는 "모든 아이는 예술가로 태어난다. 문제는 자라면서도 예술가로 남을 수 있느냐는 것이다."라고 말하며 예술에서 어린아이 같은 순수함과 창조성을 지속적으로 유지하는 것의 중요성을 강조했다.

피카소가 무명이었던 앙리 루소의 작품에서 발견한 것도 바로 이러한 순수한 창조력이었다. 루소의 그림은 어린아이의 시선처럼 솔직하고 자유로웠다. 복잡한 기법 없이도 상상력이 가득한 그의 작품은 감각적이고 강렬한 힘을 지녔다. 이는 주류 예술의 규칙과 관습에 얽매이지 않았던 루소만의 독창적인 정신에서 비롯된 것이었다. 피카소는 루소의 그림 속에서 새로운 가능성과 예술의 본질을 보았고 이를 높이 평가하며 그의 독창성을 인정했다.

앙리 루소는 세관원이라는 평범한 직업과 예술가의 삶을 병행하며 상상력과 창조성을 통해 일상을 독창적으로 재해석했다. 그는 반복적인 일상 속에서도 새로운 가능성을 찾아냈고 이를 작품에 담아내며 삶 자체를 예술로 승화시켰다. 이는 창조가 거창한 시작이나 특별한 환경에서만 이루어지는 것이 아니라 일상의 사소한 순간에서도 충분히 발현될 수 있음을 보여 준다. 일상에 숨어 있는 창조의 씨앗을 발견하고 키워 가는 것, 그것이 진정한 창조의 본질이다.

루소의 작품은 기술적 완벽함보다는 상상력과 독창성을 통해 새로운 세계를 창조해 낸다. 그의 그림이 주는 감동은 단순히 시각적 표현에서 오는 것이 아니라 그 속에 담긴 진솔함과 무한한 상상력에서 비롯된다. 이는 창조성이, 외부 환경이 아니라 내면의 시선과 태도에서 나온다는 것을 보여 준다. 창조란 단지 결과물을 만드는 능력이 아니라 현실을 넘어 새로운 가능성을 발견하고 그것을 실현하려는 힘이다.

더 나아가 창조성은 예술에만 국한되지 않고 삶을 대하는 태도가 된다. 창조적인 태도로 살아갈 때 우리는 무엇이든 더 즐겁고 의미 있게 몰입할 수 있다. 루소의 삶은 우리에게 창조란 특정 분야나 순간에만 국한되지 않고 우리가 살아가는 모든 영역에서 발견되고 실현될 수 있음을 말한다 창조성은 삶의 순간을 특별하게 바꾸는 가능성이다.

◀ 앙리 루소, 〈숲속의 산책〉, 1886. 앙리 루소의 초기 작품으로 그의
창조성과 독창적인 예술 세계를 엿볼 수 있는 대표적인 예다. 그는
이 작품에서 자연을 재현하는 것을 넘어, 환상적이고 시적인 방식
으로 풀어냈다. 루소의 숲은 단순한 배경이 아니라 이야기와 감정
을 품고 있는 생명체처럼 묘사된다. 풍부하고 신비로운 숲의 이미
지는 보는 이를 동화 같은 세계로 이끄는 동시에 그 안에서 다양한
내러티브를 상상하게 만든다. 처음에 비평가들은 전통적인 기법에
서 벗어난 그의 독특한 표현 방식을 이해하지 못하고 냉소적인 반
응을 보였다. 하지만 시간이 지나면서 루소의 작품에 깃든 신비롭
고 기발한 분위기, 그리고 현실과 판타지를 결합하는 독창성은 점
차 인정받기 시작했다. 그는 당시 예술적 관습에 의존하지 않고 자
연을 깊이 사색하며 자신만의 예술 언어를 구축했다. 이처럼 루소
의 창조성은 회화 기법을 넘어선, 그만의 예술적 철학과 상상력의
결과였다.

4. 긍정

고난을 즐기는 에너지

    긍정(肯定)은 현재의 상황과 결과를 인정하고 받아들이는 데서 출발한다. 하지만 그 의미는 단순히 수동적인 수용에 그치지 않는다. 긍정적인 사고는 현재의 어려움 속에서도 더 나은 미래를 꿈꾸고 준비하게 만드는 강력한 에너지를 내포한다. 그 바탕에는 '더 나아질 수 있다'는 희망과 믿음이 자리하고 있다. 이러한 태도는 우리에게 예상치 못한 난관을 극복할 용기와 힘을 준다.

    프랑스의 소설가 앙드레 말로(André Malraux)는 "오랫동안 꿈을 그리는 사람은 마침내 그 꿈을 닮아 간다."고 말했다. 이 말은 꿈을 꾸고 이를 이루기 위해 꾸준히 노력하는 사람만이 꿈과 삶의 조화를 이룰 수 있다는 통찰을 담고 있다. 꿈은 단지 마음속

192   앙리 루소가 쏘아올린 공

에 머무는 것이 아니라 행동으로 이어질 때 비로소 삶의 일부가 된다. 목표를 정하고 이루어진다는 믿음으로 긍정적인 사고를 유지하며 끈기 있게 실천할 때 꿈과 현실의 경계는 자연스럽게 허물어진다. 그 과정에서 삶은 점차 새로운 가능성으로 가득 찬 변화를 맞이하게 된다.

앙리 루소는 긍정의 힘을 온몸으로 증명한 화가였다. 화가로서 첫발을 내딛을 때, 비평가들의 혹평과 대중의 조롱 속에서도 그가 보여 준 의연한 태도는 매우 상징적이다. 그는 당시 전시회에 참여한 유명 화가들과 자신을 동등하지 묘사한 그림을 그렸다. 자신의 이름을 당당히 그들 옆에 적어 넣은 작품 〈자유가 예술가들을 제22회 독립예술가협회 전시어 초대하다〉는 단지 희망의 표현이 아니었다. 자신을 격려하는 루소만의 방식이자 긍정의 힘이었다.

루소의 긍정은 단순한 낙관적 태도가 아니라 실패를 학습하고 이를 바탕으로 성장하는 능동적 자세였다. 그는 끊임없는 도전을 통해 독창적인 예술 세계를 구축했고 끝내 예술사에 길이 남는 화가로 인정받았다. 그의 삶은, 긍정이라는 것은 현실에 안주하지 않고 더 나은 미래를 위해 행동하는 힘임을 가르쳐 준다.

긍정의 힘을 잘 보여 주는 토머스 에디슨(Thomas Edison)의

유명한 일화가 있다. 전구를 발명하기 위해 1만 번의 실패를 겪었던 그는 "나는 실패한 것이 아니라 전구가 작동하지 않는 1만 가지 방법을 발견한 것이다."라고 말했다. 에디슨의 긍정적인 태도는 실패를 받아들이는 것을 넘어 실패를 성공의 디딤돌로 전환한다. 에디슨의 마음가짐은 긍정의 힘이 어려움을 극복하고 새로운 가능성을 창출하는 원동력이 될 수 있음을 보여 준다.

루소 역시 자신의 부족함을 내보이는 것을 두려워하지 않았다. 그는 이를 피하기보다는 기꺼이 받아들였고 그것을 더 나은 작품을 만들어 내는 계기로 삼았다. 그의 긍정적인 태도는 실패

◀ 앙리 루소, 〈풋볼 선수들〉, 1908. 제목으로 보면 풋볼 경기를 그린 이 그림은 내용을 보면 풋볼인지 핸드볼인지 럭비인지 혹은 권투인지 애매하다. 현대적인 주제를 다루면서도 상상력에 근거한 해석을 통해 루소는 그 에너지와 율동성을 표현하는 데 주력했다. 그림 속 인물들은 파자마를 연상시키는 줄두늬 옷을 입고, 모두 수염을 기른 모습으로 유머러스하게 묘사되었다. 이는 전형적인 스포츠 장면의 묘사와는 거리가 멀지만 오히려 루소만의 독특한 상상력을 보여 주는 요소다. 루소는 이 작품을 통해 스포츠라는 현대적 주제를 자신의 독창적 해석과 결합하며 단순한 경기의 기록을 넘어 삶의 리듬과 유쾌한 에너지를 담아냈다.

와 좌절의 과정을 수용하게 했으며 이러한 자세는 독창적인 예술 세계를 구축하는 데 핵심적인 역할을 했다. 루소의 긍정은 현실의 부족함 속에서도 새로운 가능성을 발견하고 어려움 속에서도 앞으로 나아가게 하는 동력이었다.

긍정적인 태도는 삶에 큰 변화를 가져올 수 있다. 그것은 현실을 더 나은 방향으로 이끄는 힘이다. 루소의 삶은 우리가 현재의 어려움을 견디고 나아갈 때 궁극적으로 꿈에 닿을 수 있음을 상기시킨다. 우리의 내일 역시 지금 우리가 보고 생각하며 행동하는 태도에 달려 있다.

앙드레 말로의 말처럼, 오랫동안 꿈을 그리고 이를 위해 꾸준히 나아가는 사람은 결국 그 꿈을 닮아 간다. 긍정적인 태도로 하루하루를 살아갈 때, 우리는 스스로 꿈을 이루는 사람이 되고 그 꿈은 결국 우리의 삶을 이끌게 된다.

5. 신념

자신의 길을 지키는 힘

신념(信念)은 단순히 마음속에 품는 믿음이 아니라 삶의 방향을 이끌어 주는 강력한 내적 나침반이다. 사전적으로는 '굳게 믿는 마음'을 뜻하지만 그 의미는 그보다 훨씬 깊다. 신념은 어떤 사상이나 생각을 굳게 믿고 그것을 현실 속에서 실현하려는 의지를 포함한다. 이는 우리가 어려움 속에서도 흔들리지 않게 해 주고 목표를 향해 나아가게 하는 삶의 근본적인 토대가 된다.

개인의 삶에서 신념은 목적의식으로 구체화된다. 신념이 없다면 삶은 무의미한 떠돌이와 같을 것이다. 그러나 신념을 가진 사람은 자신이 가야 할 방향을 알고, 그 길에서 어떠한 도전과 장애를 만나도 흔들리지 않는다. 신념은 단순한 생각이나 이상이 아니라 우리의 선택과 행동을 결정짓는 원천이며 궁극적으로 삶을 이끄는 힘이다.

앙리 루소는 자신의 예술적 가치와 비전에 대한 굳건한 신념을 가지고 있었다. 그는 대중의 취향이나 칭송을 위해 자신의 스타일을 바꾸지 않고 자신이 옳다고 믿는 예술을 끝까지 추구했다. 모두가 가는 방향을 따르지 않은 그는 자신만의 시각과 해석으로 세상을 표현했다.

현실에서 신념을 따른다는 것은 때로 비합리적이거나 편견으로 비칠 수 있다. 하지만 신념은 단순한 감정이나 이상이 아니라 우리의 가치관과 삶의 방향을 결정짓는 힘이다. 목표에 도달하기까지 얼마나 오랜 시간이 걸릴지 알 수 없고 과정이 더디게 느껴질 수도 있다. 그러나 방향이 올바르다면 그 길은 결국 우리를 목표로 인도할 것이다. 중요한 것은 자신의 선택을 믿고 그 여정을 즐길 줄 아는 것이다. 신념은 결과를 위한 도구가 아니라 삶 그 자체를 풍요롭게 만드는 힘이다.

앙리 루소의 삶은 신념의 힘을 잘 보여 준다. 그는 주류 예술의 관습과 비평가들의 조롱에 흔들리지 않고 자신만의 길을 개척했다. 루소의 신념은 그를 평범한 사람들 사이에서 특별한 예술가로 만들었다.

"내가 옳다고 믿는 것을 따르기 위해선 다른 사람들의 조언을 거절해야 했고 때론 고립감을 느꼈다. 그러나 신념이 있었기에 이 모든 것을 견딜 수 있었다." 이 말은 스타벅스 창업자 하워드 슐츠(Howard Schultz)가 인터뷰에서 한 말이다.

하워드 슐츠는 가난한 환경에서 자라 스타벅스를 글로벌 브랜드로 키운 인물이다. 그는 커피를 만들어 파는 것을 넘어, 사람들에게 특별한 경험과 휴식을 제공하는 공간을 만들려고 했다. 당시 그의 경영 철학은 기존 시장의 흐름과 어긋나 보였다. 하지만 그는 자신의 길을 묵묵히 걸었고 그 결과 스타벅스는 오늘날 전 세계적으로 사랑받는 브랜드가 되었다. 신념은 슐츠가 수많은 장애물을 극복하게 만든 원동력이었다.

슐츠의 사례는 루소와 마찬가지로, 신념이란 단순히 자신의 길을 지키는 것만이 아니라 그 길을 통해 세상에 영향을 미치는 과정임을 보여 준다. 루소가 독창적인 예술 세계를 통해 스스로의 가치를 증명했다면 슐츠는 커피를 매개로 사람들에게 새로운 경험과 문화를 선사하며 자신의 비전을 실현했다.

신념은 처음에는 외로운 길처럼 보일 수 있지만 결국 자신만의 독창적인 세계를 만들어 내고 더 나아가 세상과 연결되는 다리가 될 수 있다. 삶에서 꿈을 이루기 위해 가장 필요한 것은 외부의 인정이 아니라 자신의 신념을 믿고 지켜 내는 것이다. 신념

4장 _ 앙리 루소에게 배우는 일곱 단어 199

은 시간이 걸리더라도 우리를 결국 꿈의 목적지로 이끌며 그 과
정에서 우리를 더욱 단단하고 풍요로운 존재로 만들어 준다.

200   앙리 루소가 쏘아올린 공

◄ 앙리 루소, 〈플라밍고〉, 1907. 플라밍고는 루소의 예술적 신념과 창조적 비전을 집약적으로 보여 주는 작품이다. 이 그림은 단순하면서도 직관적인 형태, 생생한 색채, 그리고 자연을 이상화한 표현으로 루소만의 독특한 스타일을 드러낸다. 파란색과 녹색을 중심으로 한 차분한 배경은 따뜻한 분홍색과 노란색의 대비를 이루며 그림에 생동감을 불어넣는다. 전면의 큰 수련들은 평화롭고 고요한 분위기를 조성하는 한편 플라밍고들은 관람객의 시선을 끌며 꿈같은 몽환적 정서를 자아낸다. 루소는 이 작품에서도 현실과는 조금 동떨어진 요소들을 배치하여 관람자가 꿈과 현실의 경계를 넘나드는 독특한 경험을 하게 만든다. 이는 그의 창조적 비전과 상상력이 어떻게 작품 속에 구현되었는지를 잘 보여 준다.

이 작품은 2023년 5월 소더비 뉴욕 이브닝 경매에서 4,353만 달러(약 538억 원)에 낙찰되면서 루소 작품 중 최고가를 기록했다. 이는 그의 예술적 신념이 시간과 공간을 초월해 여전히 현대인들에게 감동을 주고 있음을 보여 주는 상징적인 사건이다.

이 낙찰은 불황으로 알려진 미술 시장에서도 루소의 작품이 독보적인 가치를 지니고 있음을 입증하며 그의 창조적 유산이 현대에도 여전히 강력한 영향력을 발휘하고 있음을 보여 준다. 루소의 예술은 단순한 그림이 아니라 상상력과 신념 그리고 그가 만들어 낸 독창적인 세계관의 증명이다.

6. 자기애

나를 사랑하고 존중할 것

자기애(自己愛)는 자신을 존중하고 긍정적으로 대하는 태도로, 삶을 주체적으로 이끌어 가는 중요한 원동력이다. 앙리 루소의 삶에서 나타난 자기애는 그의 예술적 성취뿐만 아니라 인간적인 면모를 이해하는 핵심적인 단서가 된다. 루소는 자신의 능력과 가치를 깊이 사랑하고 이를 존중하는 태도를 통해 주류의 비난과 실패 속에서도 자신의 길을 흔들림 없이 걸어갔다.

루소의 자기애는 그가 독창적인 예술적 비전을 유지하고 발전시키는 데 중요한 역할을 했다. 그는 자신의 상상력과 표현 방식을 신뢰했고 이를 통해 독특한 예술적 정체성을 확립할 수 있었다. 비평가들의 조롱과 대중의 외면에도 그는 타인의 의견에 휘둘리지 않았으며 자기 존엄을 지키며 자신만의 길을 자율적

202 앙리 루소가 쏘아올린 공

으로 걸어갔다.

루소의 삶은 자기애가 단지 자신을 사랑하는 감정에 머무르지 않고, 삶의 방향을 결정하고 현실을 개척하는 힘으로 작용할 수 있음을 보여 준다. 그는 내면에서 나오는 목소리를 따르며, 이를 통해 비판을 넘어선 성취를 이루었다. 루소의 이야기는 우리에게 진정한 자기애란 자신을 믿고 존중하며 자신의 삶을 책임지는 태도임을 가르쳐 준다.

독설가로 유명하고 남의 작품을 쉽게 칭찬하지 않던 피카소가 루소의 순박한 작품을 격찬한 것은 당시 예술계에 큰 파장을 일으켰다. 피카소는 루소의 그림 몇 점을 구입했고, 그를 위해 특별한 파티를 열어 주었다. 파티에서 피카소의 칭찬에 감격한 루소는 자신이 피카소에 버금가는 위대한 예술가라고 외쳐서 사람들을 어리둥절하게 만들었다. 이는 루소의 자기애가 얼마나 강했는지를 보여 주는 사례다.

작은 성공에도 크게 만족하며 자신을 영웅시했던 루소의 태도는 자칫 나르시시즘으로 보일 수도 있다. 그러나 바로 그 자기애가 그를 움직이는 연료가 되었고 꿈을 현실로 만드는 데 중요한 역할을 했다. 그리고 자신의 길을 포기하지 않는 강인함으로 이어졌다. 만일 그에게 강한 자기애가 없었다면 비평가들의 조롱 속에서 좌절하고 말았을 것이다.

자기애는 자신을 칭찬하는 것만을 뜻하지 않는다. 자기애는 스스로를 깊이 이해하고 자신의 약점마저 받아들이며 더 나은 자신으로 나아가고자 하는 노력에서 비롯된다. 루소는 자신을 사랑하는 힘으로 예술과 삶의 경계를 허물며 자신만의 독창적 세계를 만들어 냈다.

자기애는 자만심과 다르다. 그것은 삶을 주도적으로 이끌고 어려움 속에서도 자신의 가치를 지키는 힘이다. 루소가 보여 준 자기애는 무조건적인 자기 신뢰로, 세상의 부정적 반응에 흔들리지 않을 끈기를 만들어 냈다. 그의 태도는 때로 무모해 보일 수도 있었지만 그것이 없었다면 그는 예술가의 삶을 이루지 못했을 것이다. 루소는 자신을 온전히 사랑하는 힘으로 힘겨운 삶 속에서도 예술을 통해 자신의 가치를 증명했다.

미국의 베스트셀러 작가 브라이언트 맥길(Bryant H. McGil)은 "당신이 가질 수 있는 가장 큰 보물은 당신 자신에 대한 사랑이다."라고 말했다. 그는 동기부여 연설에서 자기애가 삶을 살아가는 데 얼마나 중요한 힘이 되는지를 강조하며, 특히 힘든 순간일수록 자신을 믿고 사랑하는 태도를 가지라고 말했다. 맥길의 메시지는 우리가 자신을 사랑하는 법을 배울 때 그 사랑이 삶의

▲ 앙리 루소, 〈오케스트라 지휘자 루소〉, 연도 미상. 루소는 자신을 당당한 오케스트라 지휘자의 모습으로 그렸다. 그의 뒤에 펼쳐진 배경은 역시 그가 창조한 세상이다. 이는 자신이 주인공인 세상에서 살아가는 우리 모두의 모습을 상징적으로 담아낸다. 루소의 자화상은 그의 강렬한 개성과 자기애적 성향을 강하기 드러낸다. 그의 자화상은 자신을 예술이라는 무대의 중심에 당당히 세우며, 자신의 비전을 현실로 만들어 내고자 했던 그의 의지를 상징적으로 보여 준다. 자기애는 그에게 예술적 도전을 지속할 수 있는 원동력이었고 그의 작품은 이러한 자기애가 창조성을 통해 어떻게 실현되는지를 잘 보여 준다.

4장 – 앙리 루소에게 배우는 일곱 단어　205

가장 든든한 기반이 된다는 것을 일깨워 준다.

힘겨운 삶을 이겨 내기 위해서는 자신을 격하게 사랑하고 스스로를 믿어 줄 필요가 있다. 자기애는 단순히 자신을 감싸는 감정이 아니라 삶의 어려움을 헤쳐 나가는 강력한 방패이자 동력이다.

7. 예술적 순수성

현실을 지켜 주는 또 하나의 방식

예술적 순수성이란 타인의 기대나 사회적 규범에서 벗어나 자신만의 독창성을 진솔하게 표현하는 데서 비롯된다. 그것은 기교를 넘어 예술가의 감정과 영혼이 울리는 순간을 담아내며, 예술의 본질에 가장 가까운 상태다. 이러한 순수성은 작품에 내재된 진정성과 열망을 통해 관객의 마음을 움직이고 공감을 이끌어 낸다.

앙리 루소는 현실과 환상의 경계를 넘나들며 그 안에서 자신의 삶과 예술을 융합시켰다. 그의 말과 행동이 때로 과장되거나 비현실적으로 보인 이유는, 그의 삶과 예술이 분리된 영역이 아니라 긴밀히 얽혀 있었기 때문이다. 루소에게 예술은 외적인 세계를 단순히 재현하는 행위가 아니라 자신의 감정과 생각 그리고 삶의 경험을 투영하는 표현 방식이었다.

예술가의 작품은 작가의 내면세계를 고스란히 반영한다. 루소의 그림은 그가 삶에서 느낀 열망과 환상, 그리고 그의 독창적인 시각을 담고 있다. 그는 주류 예술의 틀을 따르지 않고 스스로 구축한 세계에서 자신의 이야기를 풀어냈다. 현실을 그대로 재현하기보다는 자신만의 상상력과 창조성을 더해서, 보는 이로 하여금 현실과 꿈의 경계를 넘나들게 만들었다.

사랑 역시 루소의 삶과 예술에서 빼놓을 수 없는 요소였다. 그는 사랑을 통해 큰 기쁨을 느끼기도 했지만 고통과 상실 또한 깊이 경험했다. 특히 그의 마지막 사랑은 비극적이면서도 강렬한 감정을 남겼다. 그 고통 속에서도 루소는 사랑을 끝까지 지키려 했고 이러한 경험은 그의 작품에 고스란히 녹아들었다.

예술적 순수성은 때로 고독과 희생을 동반한다. 자신의 목소리를 지키기 위해 세상의 비난과 오해를 견뎌야 할 때도 있으며, 이는 치열한 예술적 투쟁으로 이어지기도 한다. 루소는 삶의 갈등과 외로움 속에서도 자신만의 세계와 열망을 포기하지 않았다. 그는 순수한 마음과 뜨거운 열정으로 자신이 꿈꾸던 세상을 캔버스 위에 펼쳐 냈다. 그 과정에서 드러난 진정성은 예술뿐 아니라 삶에서도 중요한 가치다. 비록 그의 선택이 때로 어리석고 무모해 보일지라도 순수함과 헌신은 인성을 더욱 가치 있고 의미 있게 만든다.

독일의 문호 괴테는 "예술만큼 세상으로부터 도피할 수 있는 방법은 없다. 또한 예술만큼 확실하게 세상과 이어 주는 것도 없다."라고 말했다. 이 말은 예술이 현실을 넘어서는 도피처인 동시에 우리가 사는 세상과 운명적으로 이어 주는 끈임을 잘 설명한다. 예술은 단순히 현실을 벗어나기 위한 수단이 아니라 삶을 더 나은 방향으로 이끄는 역할을 한다.

루소의 작품이 보여 주는 순수성과 헌신은 이러한 예술의 본질을 잘 나타낸다. 그의 그림은 세상을 묘사한 시각적 이미지이자 삶과 예술을 하나로 잇는 강렬한 다리로서, 보는 이들에게 위로와 영감을 준다. 결국 예술은 우리의 고난을 잠시 잊게 하는 도피처일 뿐 아니라 그 고난을 이해하고 극복할 수 있는 새로운 시각과 용기를 선물하는 힘이다.

앙리 루소의 삶은 예술의 본질과 그것이 삶에 주는 의미를 잘 보여 준다. 그는 자신의 내면과 삶의 이야기를 그림에 담아내며, 자신만의 세계를 자유롭고 순수하게 표현했다.

예술적 순수성은 예술가에게만 필요한 것이 아니다. 그것은 우리 각자가 자신을 받아들이고 자신의 열망과 가능성을 믿으

210   앙리 루소가 쏘아올린 공

며 살아가는 방식이 된다.

　루소가 보여 준 것처럼, 자신을 온전히 받아들이고, 그것을 예술적 순수성으로 표현하는 삶의 태도가 필요하다.

◀ 앙리 루소, 〈어린이 초상〉, 1904~1905. 루소 만년에 그린 작품이다. 루소의 초상화 중에서 배경에 아무것도 그리지 않은 유일한 작품이다. 이 그림은 인형과 꽃을 든 아이를 표현하고 있지만 묘사된 아이는 어린아이로 보이기보다는 어딘가 어른스러운 인상을 준다. 이는 루소가 어린아이의 마음으로 세상을 바라보았기 때문에 어린아이를 귀엽고 여린 존재로만 보지 않고, 보다 진지하고 성숙하게 바라본다는 심리학적 분석과 연결된다. 루소의 이러한 시각은 그의 예술적 순수성과 깊이 연결될 수 있다. 그의 작품에서 나타나는 순수성은 형식적 교육을 받지 않은 상태에서 자연스럽게 표출된 창조성과 독창성에서 기인한다. 루소는 자신만의 예술적 언어와 스타일을 개발했기에 그의 작품에서는 종종 본능적인 예술 표현이 나온다.

에필로그

우리는 생각보다 훨씬 더 오래 살아야 한다

미래학자 레이 커즈와일(Ray Kurzweil)은 《특이점이 온다》에서 2045년경 인간이 질병과 죽음을 극복할 수 있을 것이라고 예측했다. 그는 인공지능, 유전공학, 나노기술, 로봇공학(GNR 혁명)이 이러한 변화를 이끌 것이라고 보았다. 이 전망은 SF 소설처럼 들리지만 빌 게이츠 같은 세계적 리더들도 이에 동의하며 논의를 이어가고 있다. 최근에는 이 시기가 예상보다 더 빨리 도래할 가능성도 제시되고 있다.

한편 유발 하라리(Yuval Noah Harari)는 《사피엔스》에서 과학계가 인간의 수명을 획기적으로 늘리려고 하는 '길가메시 프로젝트'를 언급했다. 고대인 길가메시가 찾아다니다 실패한 영생의 꿈이 이제는 생명공학 혁명을 통해 실현 가능해질지도 모른다. 하지만 이러한 전망이 현실이 되기까지는 아직 많은 한계와 불확실성이 남아 있다.

중요한 것은 우리가 생각보다 훨씬 더 긴 시간을 살아갈 가능성에 대비해야 한다는 점이다. 수명이 계속 늘어난다면 인생은 지금보다 훨씬 복잡해져서, 제2, 제3, 어쩌면 그 이상의 인생 계획이 필요해질 것이다. 특히 중년은 과거와 달리 노년을 준비하는 시기가 아니라 경험과 지혜를 바탕으로 새로운 도전을 시작하는 출발점으로 재해석되어야 한다.

긴 인생을 살아가기 위해서는 단순한 생존이 아닌 풍요롭고 의미 있는 삶을 준비해야 한다. 이를 위해 다음과 같은 태도가 중요하다.

계속 새로운 기술을 습득하고, 다양한 분야에 대한 지식을 확장하며, 시도하지 않았던 도전에 나서야 한다. 변화의 과정에서 예술, 문학, 철학 등 내적 성찰을 도와줄 수 있는 정신적 자산은 우리에게 중요한 힘이 될 수 있다. 책과 예술을 통해 인생의 방향을 제시해 줄 멘토를 발견하는 것도 유용한 방법이다. 빠르게 변화하는 세상에서 새로운 기회를 포착하기 위해서는 유연하고 개방적인 태도가 필요하다.

미래는 여전히 불확실하다. 그러나 중요한 것은 우리가 어떤 질문을 던지고 어떤 선택을 하느냐이다. 삶의 모든 시기는 자신을 새롭게 만들어 가는 도전의 연속이다. 중년기 또한 과거의 경험을 토대로 새로운 가능성을 열어 가는 기회의 시간이 될 수 있다.

기억하라, 당신의 전성기는 아직 오지 않았다.

참 고 문 헌

《Henri Rousseau: 111 Masterpieces》, Maria Tsaneva, 2014
《Too Funny Life of Henri Rousseau: Tried to give all his fortune to a 54-year-old wicked
        woman》, Takao Kakuma, Kindle Edition, 2022
《앙리 루소 붓으로 꿈의 세계를 그린 화가》, 안젤라 벤첼, 랜덤하우스코리아, 2006
《내 손 안의 미술관 앙리 루소》, 김정일, 도서출판 피치플럼, 2020
《인생에서 너무 늦은 때란 없습니다》, 애나 메리 로버트슨 모지스, 류승경 역, 수오서재, 2017
《의지와 표상으로서의 세계》, 쇼펜하우어, 권기철 역, 동서문화사, 2008
《융 심리학 입문》, 캘빈 S. 홀, 버논 J. 노드비, 김형섭 역, 문예출판사, 2004
《하이데거의 존재와 시간 읽기》, 박찬국, 세창출판사, 2013
《이반 일리치의 죽음》, 톨스토이, 박은정 역, 펭귄클래식코리아(웅진), 2009
《공부의 달인, 호모 쿵푸스》, 고미숙, 그린비, 2007
《100세 철학자의 사랑수업》, 김형석, 열림원, 2024
《미디어의 이해 : 인간의 확장》, W. 테런스 고든, 허버트 마셜 매클루언, 김상호 역, 커뮤니케이
        션북스, 2011
《죽음의 수용소에서》, 빅터 프랭클, 이시형 번역, 청아출판사, 2020
《The Will to Meaning: Foundations and Applications of Logotherapy》, V. E. Frankl,
        New American Library, 1988
《The 100-year life》, Lynda Gratton, Andrew Scott, Bloomsbury Academic, 2016
〈칼 융과 중년의 자기 실현〉, 김병오, 《백석저널》 3호, 2003 봄
〈미술비평을 통한 앙리 루소〉, 주혜진, 계명대학교대학원 미술학과, 박사학위논문, 2018
〈 Henri Rousseau, 1908 and after: The corpus, criticism, and history of a painter without
        a problem〉, Haskell, Caitlin Welsh, The University of Texas at Austin. Art and Art History.
        The University of Texas at Austin. 2012